현대 수도 생활의 영성
재 속의 불씨

The Fire in These Ashes : A Spirituality of Contemporary Religious Life
Joan Chittister, O.S.B
Tr. by Kim Young Mi(Maria), Im Sue(Pauline), Lim Syung Hee(Michea)

A Sheed & Ward Book
Published by Rowman & Littlefield Publishers, Inc.
A wholly owned subsidiary of The Rowman & Littlefield Publishing Group
4501 Forbes Blvd, Suite 200
Lanham, Maryland USA

First published in the United States
by Sheed & Ward.
Lanham, Maryland, U.S.A.
Reprinted by permission. All rights reserved.

Copyright © 1995 Joan Chittiester, O.S.B.
Korean translation copyright © 2011 by ST PAULS, Seoul, Korea

ST PAULS
20, Ohyeon-ro 7-gil, Gangbuk-gu, Seoul, Korea
Tel 02-944-8300, 02-986-1361 Fax 02-986-1365

국립중앙도서관 출판시도서목록(CIP)

재 속의 불씨 : 현대 수도 생활의 영성 / 글쓴이: 조안 키티스터 ; 옮긴이: 김영미, 임수, 임승희. — 서울 : 성바오로, 2011
  p. ;   cm

원제목: Fire in these ashes : a spirituality of contemporary religious life
원저자명: Joan Chittister
영어 원작을 한국어로 번역
ISBN 978-89-8015-774-7 03230 : ₩13000

수도 생활[修道生活]

238.268-KDC5
282-DDC21   CIP2011003158

현대 수도 생활의 영성

재 속의 불씨

조안 키티스터 글 | 김영미 · 임수 · 임승희 옮김

이 책을 멘토이자 벗인
Maureen Tobin(OSB) 수녀님께 바칩니다.
수녀님의 삶을 통해 제가 글로 쓴 것이
그대로 현실이 되는 영성을 경험했습니다.

감사의 말

이 책은 기본적으로 많은 사람들이 생각해 오던 내용을 담고 있습니다. 수도 생활에 대한 판단의 기준이 명백하게 흐릿해진 시기에 수도 생활을 예외적으로 잘 살아 냄으로써 생각한 바를 구체화한 사람들도 있고, 현 시대의 문제와 어려움에도 불구하고 여러 해에 걸쳐 수도 생활의 계속적인 발전에 대해 저와 함께 소리 내어 성찰해 온 사람들도 있습니다. 또한 큰 변화가 이루어지는 시기에 대두되는 질문과 두려움과 염려를 단순히 제기함으로써 함께해 준 사람들도 많습니다. 그리고 많지는 않지만, 일부러 반대 의견을 제시해 수도 생활 자체에 도전을 던져 줌으로써 도와준 사람들도 있습니다. 황금시대의 영광을 잃어버리고 미래에 그러한 영광을 다시 볼 수 있을지 알 수 없는 생활 양식에서 현재의 가치를 찾도록 촉구해 주신 모든 분들께 감사드립니다.

무엇보다도 시간을 내서 자신의 삶이라는 여과기(필터)를 통해 이 원고를 읽어 주고, 편집상의 질문과 염려와 의견을 나누어 주어 본문을 단단하게 해 준 다음 분들께 감사를 드립니다. Marlene Bertke(OSB), Stephanie

Campbell(OSB), Margarita Dangel(OSB), Mary Lee Farrell(GNSH), Augusta Hamel(OSB), Mary Lou Kownacki(OSB), Mary Rita Kuhn(SSJ), Anne McCarthy(OSB), Mary Miller(OSB), Julia Upton(RSM), Linda Romey(OSB), Christine Vladimiroff(OSB), Gail Grossman-Freyne, 그리고 Thomas Bezanson 수사님께 감사드립니다. 모든 분들이 제시해 준 모든 안을 다 받아들이지는 못했겠지만, 하나하나 정말 진지하게 고려했습니다.

언제나 그러하지만, 이번에도 특별히 Marlene Bertke(OSB) 수녀님과 Mary Grace Hanes(OSB) 수녀님께 감사드립니다. 수녀님들은 늘 제 원고를 전문가의 수준으로 높여 주십니다. 무엇보다도, 수도자로서의 삶을 계속 살아가고자 하면서도 글쓰기를 시도할 때마다 어쩔 수 없이 일상의 삶이 중단될 때면 어김없이 일상의 모습을 느끼도록 도와주는 능력이 탁월한 Maureen Tobin(OSB) 수녀님께 감사드립니다.

덧붙여 아일랜드 더블린에 사는 Tim과 Christine O'Neil에게도 감사를 전합니다. 두 분은 제가 원고에 집중하도록 개인 공간이라는 선물을 제공해 주셨습니다.

저로서는 작업하기에 참 좋은 책이었습니다. 이 책이 다른 사람에게도 제가 받은 영감과 같은 생각을 불러일으킬 수 있기를 바랍니다.

책머리에

　20세기를 포함해, 수도 생활을 낳은 세상은 현재 우리가 사는 세상과 다르다. 수도 생활이 실생활과 유리되지 않으려면 오래된 틀 안에서 수도 생활이 변화되기를 바라는 것은 환상일 뿐이다. 합리주의적 사회 질서와 교회 교조주의의 파편에 파묻혀 위협적으로 소용돌이치는 현재의 상황에서 환상 속의 과거를 열망하며 되돌아가고자 시간과 에너지를 투자하는 것은 포스트모던 세계 안에서 거룩한 길로 나가려는 우리를 가로막는다. 중세가 끝나고 현대 과학이 들어섰던 것처럼 현대화도 세계화에 길을 내주고 있다. 두 경우 모두, 과거라는 현실에 대한 가정과 세계관이 현재라는 상황과 결과물에는 부적합하다는 것이 증명되었다. 하느님께 대한 낡은 이미지, 진리에 대한 진부한 신학 형식, 오래된 관계 모델, 인권과 시민권과 자연권에 대한 낡은 개념은 이러한 때에 과거에 매달리는 것일 뿐만 아니라 현재를 고수하는 것마저도 그 비전을 흐리게 하고 현 상황을 암담하게 한다.

　하지만 반대의 경우 역시 만만찮은 위험이 있다. 우리가 알지 못하는 세상이나 결코 겪지 못할 미래를 위해 수도 생활의 비전을 만들려는 시도는, 향수에 젖어 과거에 열중하는 것만큼이나 현재 우리의 힘을 빠지게 한다. 더 군다나 비전을 만드는 일은 우리 일이 아니라고 생각한다. 그러나 그것은 앞으로 살아갈 사람들의 일이다. 우리의 과제는 지금 현재의 시간을 잘 사는 것이다. 그래야 미래의 모델이 확신과 용기를 갖고 이 잿더미에서 되살아날 수 있다.

문제는 어떻게 그렇게 하느냐이다. 수많은 수도자들이 과거 수도 생활 형태를 역사적으로 되돌아보고 숙고하는 가운데, 오히려 나날이 환멸을 느끼고 있다. 수도 생활에 생기를 불어넣어 주는 무엇이 있는가? 수도 생활이 계속 지속되어야 할 만큼 여전히 소중한가? 수도자들은 자신의 삶을 계속 희생할 가치가 있음을 증명해 주는 무엇인가가 현재에도 수도 생활 속에서 이루어지고 있는지 알고 싶어 한다. 그리고 새로 입회하는 회원들은 앞으로 행하고 존재해야 할 명분이 있는지 알고 싶어 한다. 또한 평신도들은 현재의 수도 생활을 알고자 한다. 과거의 평신도들은 수도원 봉쇄 구역이나 수도복, 수도원 일과 및 관습 등에 대해 어떤 것이 되었든 최소한 그것이 무엇인지는 알고 있었다. 그러나 지금은 더 이상 그렇지가 않다.

생각 있는 수도자는 매일 수도 생활에서 실제로 일어나는 문제에 직면하거나 그런 문제로 씨름한다. 이곳에 머물면서 내 삶을 낭비하고 있는 것은 아닌가? 입회하고자 하는 이들이 있을까? 수도 생활의 영적 본질은 무엇인가? 수도 생활에 영적 본질이 남아 있는가? 수도 생활은 죽어 가고 있는가 살아나고 있는가? 아니면 양쪽 모두인가? 이러한 질문은 현실적이다. 문제는 과거의 모델이나 미래에 대한 상상으로 이 질문들에 답하려는 유혹이다. 사실 그 답은 분명하면서도 고통스럽고, 눈에 뚜렷이 보이는데도 호기심을 자극한다. 거룩한 곳은 오직 한 곳, 바로 지금 여기이다.

이 책은 '지금 여기'서의 수도 생활에 관한 것이다. 수도 생활의 과거 가치에 관한 것도 아니고 미래의 수도 생활 형태의 가능성에 관한 것도 아니다. 이 책은 단순하게 질문한다. 도대체 현대 수도 생활의 영성은 무엇인가? 현재 수도 생활을 거룩하게 하는 것은 무엇인가? 수도 생활의 과제는 무엇인가? 현재 수도자에게 요청되는 덕, 즉 수도자로서의 자질을 지니면서 투신(헌신)하려는 덕, 세상을 하느님 나라로 이끌며 사람들이 진리를 살도록 이끌어 주는 덕은 무엇인가?

나는 이 모든 것을 숙고했다고 말하고 싶다. 그 숙고는 다분히 창조적이고 신선하게 여겨질 수 있다. 하지만 사실 이 책은 30년에 걸친 작업의 결실이다. 제2차 바티칸 공의회 이전에는 젊은 수도자로서, 공의회 이후 수십 년 동안은 행정직에 임하면서, 나는 철저히 개인적인 입장에서부터 국제적인 공적 시각까지, 그리고 제도 밑바닥은 물론 기둥 위에서 고행한 성 시메온처럼 사다리 꼭대기의 관점에서 수도 생활을 조망해 왔다. 워싱턴에서 로마까지, 태평양 연안에서부터 대서양 연안까지, 펜실베이니아 주 이리 호에서 오스트레일리아까지 두루 수도원들을 상세히 살펴 왔다. 쇄신 프로젝트의 여러 단계를 거치면서, 의장직을 맡거나 회의를 주도하면서, 인터뷰를 하면서 조직과 연구 조사를 계속해 왔다. 의사소통 이론가이자 사회 (과)학자로서 나는 항상 삶과 거룩함의 표징을 찾았고, 변화 속에서 발버둥을 치면서도 수도 공동체에 생명을 가져다주는 것이 있다면 그것이 무엇이고 그렇지 않은 것이 무엇인지 자문했다. 이 책은 그러한 질문에 대한 답변을 담고 있다.

아울러 이 작업이 미래를 위한 청사진을 내포한다고 말하고 싶다. 물론 현재를 살아가면서 미래를 인식하는 이들에게만 그러하다. 경험이 풍부한 기존 회원들은 삶의 영적 수련을 재규정할 필요가 있다. 즉 금욕주의에 있어서의 변화는 있을지라도 삶의 특성과 질은 조금도 변하지 않았음을 인식할 필요가 있다. 또 서원이라는 투신 속으로 숨어 버리는 일, 수도 생활의 새 형태를 인식하지 못하고 과거를 그리워하며 옛 형태에 매달리는 일에 의문을 품고 진정으로 지금 자기 자신에게 요구되는 투신이 무엇인지를 알아야 한다. 그런가 하면 새 회원들은 공동체에서 일어나는 일이 쇠퇴의 표징이 아니라 오히려 새 생활이 형성되는 조짐임을 알아야 한다. 새 회원들은 낭만 속으로 숨어들지 않도록 저항해야 한다. 불확실함에 놀라지 말고 작아짐에 대해 실망하지 말아야 한다. 그리하여 과정에서 나오는 거대한 에너지를 볼 수 있어야 한다. 영광스러운 과거의 잿더미나 영광스러운 미래의 꿈으로부터가 아니라 현재의 도전으로부터 영적 비전을 선택해야 한다. '하느님께서 사시는 곳이 아니라 하느님을 선택하라.'고 사막 교부들은 가르친다. 삶을 헛되이 보내지 마라. 이 시기에 해야 할 일이 있고 이 시기에 살아야 할 신비가 있으며, 그렇게 할 때 우리 시대에 성령의 큰불을 일으킬 수 있다. 결국 수도 생활은 온갖 사변에 노출된 세상에서 쇠퇴하는 제도가 아니라, 변화 한가운데에서 새로운 에너지를 요구하고 새로운 비전을 희망한다. 25년에 걸친 사회 변혁 속을 헤쳐 온 수도자들은 교회를 비롯한 공공 영역의 다른 집단에서 일어나는 변화의 여정에 커다란 선물을 제공해 줄 수 있다. 단, 그 선물을 명확하게 표현할 수만 있다면 말이다.

이 책에서 통합해 살펴본 현대의 영적 이상은, 서원이나 독신 여부를 떠나 수도 공동체의 형태나 구성 혹은 사명이 무엇이든지 모든 유형의 수도 공동체에 잘 적용될 것이라고 믿는다. 그렇다고 해서 이 책이 새로운 형태의 수도 생활에 관한 저술이라는 뜻은 아니다. 이 책은 옛 생활의 존중과 새로 등장하는 생활 사이에서 선도적 역할을 수행하는 한편, 자연스런 역사의 단계적 차원을 뛰어넘어 순간의 변화만이 지속될 것처럼 휘청대는 세상에서 수도 생활에 요구되는 거룩함과 그에 수반되는 불타는 신성을 다룬다.

다시 말해, 이 시대에 수도 생활의 비전을 짊어지고 가는 이들(젊은이와 노인, 새 회원과 기존 회원), 그리고 마치 유행처럼 부활보다는 소멸을 더 이야기하는 이 시대에 수도 생활의 목적과 은총, 힘을 재고하고자 애쓰는 이들에게 영혼의 말씀이 되기를 바란다. 이 책의 주제와 (원서의) 제목은 새 불을 지피기 위해 이전 불을 살려 두는 관습을 나타내는 '그리스혹grieshog'이라는 게일어에서 유래한다.

이 책에서 말하는 이상은, 물론 전부는 아니지만 곧 나의 이상이다. 나는 모든 곳에서 이상을 본다. 성령으로 충만하고 생명으로 불타올라, 석탄을 묻어 두었다가 아직 보이지 않는, 그러나 확실히 올 세상의 불꽃을 피우는 시대의 용감한 수도자들 안에서 이러한 이상은 약동하며 살아 있다. 거의 눈에 띄지도, 무시당하고 인정받지도 못하지만…. 현대의 수도 생활을 진정한 수도 생활이 되게 하고 미래를 꿈꾸게 하는 영성 생활의 불씨가 바로 그 이상 속에 있다.

차례

감사의 말

책머리에

1. 새로운 시작을 위한 기초   15
2. 재 속의 불씨   53
3. 석탄을 보존하기   63
4. 높은 산으로 향하는 길에   79
5. 위험을 무릅쓸 때   97
6. 작아짐의 영성   117
7. 손짓하는 하느님을 따름   133
8. 불꽃이 되기   153

9. 산 증거   169

10. 정의로 부르심   179

11. 사랑으로 부르심   193

12. 선택하도록 부르심   213

13. 어둠 속의 빛   231

14. 필요한 덕으로서의 새로운 관점   245

15. 양성으로의 부르심   261

16. 활활 타오르는 삶   289

1. 새로운 시작을 위한 기초

　지금은 아무리 긍정적으로 생각하더라도 여러 수도 공동체에게 있어 힘든 시기이다. 수련소가 커지고 수도회에서 운영하는 기관이 성행하던, 규모가 큰 수도 공동체의 영광스런 시대는 오래 전에 사라지고 오직 우리 기억 속에만 남아 있을 뿐이다. 일부 수도자들은 자신들의 삶에 일어난 일에 대해 의아해하면서 여전히 과거를 그리워한다. 그런가 하면 최근에 입회한 수도자들은 과거의 영광에 대해 듣는 것을 지겨워한다. 나이에 상관없이 그들은 옛 시대에 잃은 것보다는 자신이 이루어 가는 것을 바탕으로 수도 생활을 한다. 새 회원들에게 과거는 오래된 역사일 뿐 그들 자신은 물론 그들의 영적 발전과도 무관하다. 그들의 마음은 현재에 있다. 즉 한 인간으로서 자기 자신의 성취를 위해 그 의미와 목적과 복음적 차원이 있다. 그들은 생명 넘치는 현재를 원한다. 그러나 오랜 세월에 걸쳐 이루어 온 쇄신에도 불구하고 그들은 자기 자신과 자신의 영성 생활과의 밀접한 관계를 거의 보지 못한다. 그것은 완전히 진리에서 벗어났다고 볼 수 있다. 쇄신의 유산, 쇄신이 일어나게 된 신학과 쇄신의 사회적 변형은 물론, 쇄신의 이상과 사회적 상황을 이해하지 못한다면 현재 우리가 행하는 바를 이해할 수 없다. 또한 우리가 다음에 무엇을 해야 할지도 알 수 없다. 현재의 일을 왜 하는지 알지 못하면 인간적인 생활 양식이나 효과적인 사도직은 물론 현대 영성을 의식적으로 형성해 나갈 수 없다. 현재를 만들어 가는 것은 바로 그러한 이해에 달려 있다. 그 밖의 것들은 기껏해야 종잡을 수 없게 되어 버린 선의에 불과하다.

1965년 이후 로마 가톨릭 교회 전반에 걸쳐, 그리고 특별히 가톨릭 수도회에서 일어난 개혁만큼 설득력 있고 포괄적이며 분명하게 개념을 재정의한 사회 변화의 예는 거의 없다. 제2차 바티칸 공의회가 폐막하면서 안타깝게도 수백 년 동안 서로 공조하지 못했던 유서 깊은 수도원 수도승들과 사도적 수도자들, 특별히 여성 수도자들이 실험과 사회 적응을 시작하게 되었고 그것은 이후 25년이 넘게 지속되었다. 어떠한 것이든 기존 수도회에서 주로 일어난 개혁들이 가능한가를 의아하게 여길 만한 역사적이고 학문적인 자료는 충분하다. 사회학과 사회 심리학에서도 변화의 시기에 제대로 적응하지 못한 이름난 조직이나 체제들이 거론되곤 한다. 그런데 이와 같은 조직에 대한 숙고와 더불어, '평신도 성소'와 새롭게 강조되는 '백성(만민)의 사제직'이 대두되는 이 새 시대에 수도 생활의 생명력은 존재하고 또 필요한지, 혹은 바람직하거나 한지에 대한 신학적 질문도 최소한 동일한 비중으로라도 고려되어야 한다. 회원 수가 감소하는 때에 이러한 질문은 의미심장하다. 최근의 교육 수준에도 불구하고 가톨릭 전반적으로 한때는 중요했던, 그러나 이제는 교회 안에서 그 필요성이 감소한 노동력의 상황에 대해서는 또 어떠한가?

그 질문 하나만 해도 수도 생활의 역할 개념을 둘러싼 오해의 깊이를 잴 수 있다. 수도 생활은 결코 교회 내에서 노동력을 제공하기 위해 시작된 것이 아니다. 수도 생활은 사회에서 불타는 현존, 추구의 패러다임, 인간 영혼의 표지, 그리고 양심의 촉매가 되고자 했다. 어떤 수도 공동체도 주어진 지역 내 사회가 필요로 하는 모든 것을 하기 위해 시작된 것이 아니다. 수도자들은 단순히 이루어지고 있지 않은 일을 행함으로써 다른 이들도 그것을 행할 필요가 있음을 알리려 한 것이다.

이런 질문으로 드러난 혼동은 그 양식이 어떠하든 수도 생활이란 단순히 공동체적 차원이라는 덕으로 말미암아 결혼이나 독신과 구별되는 그리스도인 생활의 대안적 양식이라고 정의하는 데서 유래하는지도 모른다. 11세기 수도승이었던 교황 우르바노 2세가 아우구스티노 규칙을 따르는 새 수도회를 자신이 알던 유일한 수도 생활 양식과 구분하기 위해 그들의 존재보다는 행하는 바를 바탕으로 정의하려고 하자, 수도회의 유형, 양식, 수도자의 역할에 대한 개념이 전체 교회의 미래를 위해 중요하게 되었다. 수도 생활과 교회의 신비의 관계보다는 수도 생활과 교회의 사명 사이의 관계를 전적으로 강조했다는 점이 문제가 된 것일지도 모른다. 그래서 '사회 안에서 수도자는 어떠한 존재가 되어야 하는가? 보다 '수도자는 사회 안에서 무엇을 하는가? 라는 질문이 되었고, 그렇게 인식이 꼬임으로써 모든 것이 달라지고 말았다.

유형에 대한 정의와 수도회 사이의 구분에 지나치게 주의를 기울임으로써, 수도 생활에 대한 투신은 점차 카리스마적 생활 양식보다는 교회법적 생활 양식으로, 추구해야 할 일련의 이상보다는 따라야 할 규칙으로 여겨지기 시작했다. 수도 생활에 대한 투신은 표징으로서가 아니라 봉사로 간주되었다. 안타깝게도 이 미묘한, 그러나 전혀 다른 관점은 그 의미에 있어서 엄청난 차이를 가져온다. 즉 수도자가 하는 일에 주 관심을 기울인다면, 어떤 이유로 일이 없어질 때 그 삶 자체가 문제시된다. 수도 생활의 가치의 타당성을 그 카리스마적 추진력이 아니라, 교회법적 구조에서 찾을 때 조직의 형태가 변할 경우 수도 생활의 가치를 인식하지 못할 수 있다는 뜻이다. 수도 생활을 유효하게 하는 것이 그 표징이 아니라 봉사라면 봉사가 다 이루어졌을 때, 수도 생활은 시대에 뒤떨어지는 위기에 처하게 된다.

어쩌면 수도 생활의 현 상황에 대한 설명이 거기에 있을 것이다. 수도 생활의 쇄신은 그 형태의 재규정에 있지 않다. 쇄신은 수도 생활의 목적의식, 일부는 제도적이고 일부는 철학적인 새로운 관심사와 현실에 직면하여 의미를 찾고자 하는 일, 수도 생활의 목적의식에 다시 기운을 불어넣는 데 있다. 우리를 둘러싼 세상의 변화는 우리도 변화시킨다. 더 이상 어영부영하고 있을 수 없다. 수도 생활이라는 제도를 구하려는 열정이 수도 생활의 생명을 파괴해서는 안 된다. 그리고 세상의 수많은 새로움의 소용돌이 속에서 바로 지금 수도자 본연의 존재가 되는 것이 중요하다.

현대의 수도 생활은 역사의 순간순간 여러 기관 단체에 공통적으로 나타난 사회학적 네 요소로부터 깊은 영향을 받았다. 즉 문화는 수도 생활의 형태를 특징짓고, **페미니즘**(여성주의)은 그 목소리를 응집했으며, 사회 안으로 **편입됨**은 수도 생활의 현존을 희미하게 했고, **토착화**는 수도 생활의 인식을 뚜렷하게 해 수도 생활의 표현을 더 다양하게 했다. 이러한 결과로, 얼마 전까지만 해도 현대 신학의 기준보다 중세의 기준에 근거해 현실 밖에서 살던 수도 생활이 더 이상 현실 세계 밖에 머물지 않는다. 오히려 반대로 이제 수도 생활은 거의 구분이 되지 않을 정도로 현재 안으로 깊이 들어와, 오늘날 사회 안에서 그림자적 존재가 아니라 자극을 부여하는 존재에 가까워지고 있다.

역사는 수도 생활의 친절한 협력자인 동시에 엄청난 골칫거리이다. 역사의식을 갖게 되면 수도 생활을 19세기 수도 생활 형태로 절대화하는 것을 피할 수 있지만, 수도 생활의 긴 역사로 말미암아 예스런 멋은 있으나 쓸모없어진 과거를 신성시하지 않게 된다. 그렇다면 위에서 말한 문화, 페미니즘, 편입, 토착화 등의 네 가지 요소가 수도 생활의 효율성과 방향에 있어서도 오랫동안 사회적 요인으로 작용해 왔음을 기억할 필요가 있겠다. 문제는 그동안 그런 요소들을 좀처럼 제대로 규정하지 못했고, 너무나 자주 그런 요소들이 얼마 지나지 않아 유연해져 버리는 바람에 과거에는 무척 성공적이었지만 지금은 심각할 정도로 혼수상태가 되어 버린 현재에 수도 생활의 가치를 묻는 질문만 유일하게 어울리는 질문이 되어 버린 점이다.

수도 생활은 역사상 중요한 변화의 시점마다 쇠퇴해 왔다. 동시에 역사상 모든 중요한 시점에 언제나 회생하기도 했다. 쇠퇴 또는 회생 중 하나만 선택해야 하는 어려움이 있다. 중요한 사회 변화의 시기에 어떤 이들은 과거에 집착하고, 어떤 이들은 과거를 완전히 무시함으로써 응답한다. 지금도 마찬가지다. 25년 동안 수도 공동체들은 완고한 보수주의와 성급한 대변혁이라는 양극단을 다루어 왔다. 따라서 이 속에서 어떤 차원이 현대의 수도 생활에 영향을 미치고, 현재 수도 생활의 성공을 위해서 어떤 문제와 예언적 가능성을 제시하고 있는지, 어떠한 인간적 요구에 응답해야 하는지, 이 가운데 무엇이 수도 생활의 쇠퇴를 주도하고 어느 것 속에 수도 생활의 미래의 씨앗이 들어 있는지 질문해 보아야 한다.

문화와 수도 생활과의 관계

문화와 수도 생활은 긴밀한 관계를 이룬다. 역사 전반에 걸쳐 수도 생활은 영적 성장의 자리일 뿐 아니라 사회 계몽의 원천, 교육의 중심, 인간 해방의 장소가 되어 왔다. 한때 수도 생활은 보다 나은 삶으로 나아가는 길은 현세의 삶을 부정하는 것이라고 여기며 철저한 투신으로 일관하는 영적인 사람들의 삶이었다. 그리고 이후 수도 생활은 경건한 과부들의 피난처로 발전했다. 또 다른 시기에는 독실한 왕족을 위한 처소로 제공되다가, 11세기 무렵에는 곳곳에서 실제 수도 공동체를 지원하는 데 필요한 지참금을 낼 수 있는 귀족 계급만이 향유하는 영적 생활이 되었다. 그리고 훨씬 시간이 흘러, 20세기가 시작되고 한참 지나서야 수도 생활은 다시 부흥기를 맞았고 모든 계층의 여성들을 위한 봉헌의 장소가 되었다. 당시의 여성들은 수도 생활을 통해 결혼이라는 규정된 범위를 넘어서 삶과 인간 개발이라는 문제들을 모색할 기회를 얻을 수 있었다. 그때는 물론, 심지어 지금도 세계 여성 대부분이 대학에는 받아들여진다 하더라도 남성 위주의 체제 가장자리에 국한될 뿐으로, 공적 지위나 전문직에서는 거의 전적으로 배제되며 삶이라는 거대한 문제를 추구하지 못한 채, 체제를 만들거나 법을 규정하는 사상가들의 무리에는 끼지 못했다. 그러나 수도 생활은, 아니 수도 생활만이 여성에게 제한적이나마 내적 자율성과 인격적 표현을 어느 정도 실질적인 수준까지 보장해 주었다.

수도 생활은 일반 사회의 관심사나 일로부터 스스로를 단절시키고자 했던 시기에도 주변 세계의 사회 현실과 그 속에 사는 사람들의 발전을 반영하고 또 그에 응답했다. 단순히 질서 정연한 영적 추구 상태 이상인 수도 생활은 주변 토양에서 나와 성장했다. 역사상 어떤 시기에는 수도 공동체들이 주변 문화를 활성화시켰고, 또 다른 시기에는 최악의 상태에 처한 문화를 단순히 반영하기도 했다. 그러나 기억해야 할 점은 수도 생활이 결코 문화로부터 벗어나지 않았다는 사실이다.

수도 생활은 수도 생활에 도전하는 문화에서 나오기 때문에 회원의 사고방식과 인격 안에 있는, 시대의 사안과 질문 안에 포함된 문화를 구현하기도 한다. 수도 생활이 강조하는 것과 내용에 있어서 이러한 변화에 응답하지 못한다면 수도 생활은 그 문화를 저버리게 되고 문화는 수도 생활을 거부한다. 수도 생활은 수도 생활이 존재하는 문화에 의식적이고 창조적으로 응답해야 한다. 그렇지 않으면 수도 생활은 기껏해야 경건하게 영적 생활을 하는 체하는 것, 개인적인 만족과 건강에 이로운 수련에 불과할 뿐이다.

수도 생활이 나오게 된 문화 속에 깊이 들어감으로써 수도 생활은 주변 사회의 요구를 드러내는 한편, 사회의 투쟁을 반영한다. 그리고 사회의 질문에 대한 판단의 표징이 되거나 질문으로부터 거리를 둠으로써 쇠락의 표징이 된다. 인류의 결정적 질문을 삶의 중심으로 삼는 종교적 인물들은 문화·시대·장소를 막론하고 모든 이에게 영적 어둠 속 빛이 되고, 삶의 근본 원리를 기억하게 하는 존재로 인식되어 왔다.

이처럼 수도 생활이란 절대 완벽한 사람들을 위한 완벽한 삶의 상태가 아니라는 점을 깨닫는 것이 중요하다. 수도 생활은 결코 완전해진다고 예정된 삶의 상태 또한 아니다. 수도 생활은 노력을 전제로 하며 실패를 당연히 받아들이는, 인간적 완벽함이라는 착각이 아니라 인간적 추구가 삶의 내용이 되는 삶의 상태이다. 수도 생활이 지닌 나약함에 대한 의식을 통해서만 인간 조건은 희망을 간직할 수 있음을 모든 민족 나름의 수도 생활은 선언하고 있다. 일례로, 수도원의 목적을 결론지으려 애쓰던 방문자들을 떠올리게 되는 어떤 수도승 이야기가 있다. 수도원을 방문한 이들이 노수도승에게 물었다. "그러면 수도원에서는 무엇을 하십니까?"

노수도승은 대답했다. "오, 우리는 넘어지고 일어나고, 넘어지고 일어나고, 그리고 다시 넘어지고 일어나지요." 수도 생활에 합당한 주제는 신앙적 완전함이 아니라 신앙의 추구이다.

수도자들은 영성이 시대의 중요한 질문들로부터 벗어나 있다는 듯 각종 시대적 시련에서 달아나는 것이 아니라, 그 시련들을 직시하고 규정하고 처리함으로써 시대의 투쟁을 반영한다. 다시 말해, 영적 에너지를 그 시대의 문화에 부여하고 가치를 검토하고 평가하고자 끊임없이 노력하는 가운데 수도 생활은, 문화 스스로 문화가 지닌 악을 받아들이고 문화 고유의 선물을 풀어놓으며, 문화 자체의 지혜를 발전시키고자 한다면 반드시 다루어야 할 문화 속의 여러 가지를 역사상 모든 시대 모든 민족에게 드러내 보여 준다.

이렇게 볼 때 현대 문화 속에서 이루어지는 수도 생활이 끓고 있는 가마솥처럼 사회 전반에 영향을 주고 있다는 사실이 놀랍지 않다. 독립, 소비주의, 개인주의, 공동체, 자기만족, 성, 공중도덕, 영적 생활 등에 대한 질문은 사회 전반에 걸쳐 그러하듯이 오늘날 수도 공동체 내에서도 중요한 개념이다. 수도 생활의 문화적 차원을 실감하는 사회는, 우리가 과거에 그렇게 간주했듯이, 형식, 규범, 규율, 일과표, 장상, 그리고 인간적인 면모의 억압을 그 시대 사회에 보이지 않게 흐르는 경향에 대한 영적 답변이라고 간주할 수는 없다. 반대로, 이러한 사안을 직시하고 해결책을 모색하고 영성 생활의 발전을 꾀하지 못한다면, 즉 그 투쟁 속에서 승리를 감지한 사람들이 확신에 차 그 길을 걸어 나가도록 하지 못한다면, 성숙한 영적 발전보다는 수도자로서 사춘기에 머물게 되고 만다.

문화적으로 주요 변화가 일어나는 시기에 수도 공동체들이 쇠퇴의 길을 걸을 것인가, 아니면 부흥할 것인가 하는 선택의 문제는 이들 수도 공동체가 어떤 특정 문화에서 놓친 가치와 주된 요구를 얼마나 인식하여 인간적으로 성찰하고 응답하도록 일깨워 주는가에 달려 있다. 쇄신에 따른 위험은 수도 공동체들이 문화를 반영은 하되, 문화에 도전하지 못하는 데서 비롯된다.

수도 생활의 부흥은 수도 생활이 자라는 바탕이 되는 문화와 달라지는 데에 있지 않고, 수도 생활을 지켜 나가는 데 필요한 문화 가치를 지켜 나가는 데에 있다. 수도 생활의 부흥은 세상과의 상징적인 단절이 아니라, 세상에서 가장 좋은 것을 지키는 진정한 청지기가 되는 데에 있다. 역사를 보면 분명하다.

베네딕토회가 남성 중심의 가부장적 로마 사회에도 불구하고 번성할 수 있었던 이유는, 노예와 자유인, 부자와 가난한 이, 평신도와 성직자로 구성된, 모든 이가 평등하고 동일한 발언권을 가진, 서로 봉사하는 가운데 현세적 권력보다는 영적 깊이를 추구한 인간 공동체의 새로운 모델을 제시했기 때문이다. 불안전하고 적대적인 세상에서 베네딕토회의 회원들은 모든 이를 환대하고 로마 제국이라는 견고한 체제의 몰락으로 휘청거리던 세상에 질서와 안정감을 제공했다. 아시시의 프란치스코는 가난한 이들과 연대하여 자발적 가난을 포용함으로써 부의 역겨움에 가장 먼저 공식적으로 저항함으로써 세상에 대항했다. 종국에 가서는 모든 이를 가난에 처하게 하고 일부 소수에게만 비양심적인 엄청난 부를 가져다줄, 급속도로 등장한 탐욕스러운 상거래 질서에 대해 프란치스코는 처음으로 비판했다. 수 세기가 지나고 새롭게 설립된 사도적 수도 공동체들은 계급에 의해 지배되는 무신경해진 세상에 보편적 보살핌과 관심이라는 가치를 가져다주었다. 측은지심과 참여와 인간의 잠재력은 현시대 직전의 문화적 문제였고, 자유와 평등과 형제애와 해방은 여러 세기 동안 농노와 평민들의 부르짖음이었다. 계급 차별주의가 가난하지만 명석하게 태어난 사람들의 목을 조르던 문화 속에서 수도자들은 그런 이들에게 최고에 버금가는 보살핌과 유능한 인재로의 교육을 제공함으로써, 그들이 자신들에게 무관심하던 사회의 일원이 되도록 해 주었다. 덕분에 수도회는 성공했고 번성했다. 수도 공동체에서 무엇을 했기 때문이 아니라, 수도자 본연의 존재가 되었기에, 즉 그들이 성장한 시대의 관상적 비평가이자 열정적인 예언자가 되었기에, 사회에 기여한 결과로 인해 번성한 것이다.

이전 시대의 여러 문화에서 수도 생활은 누구에게 예언적이었는가? 그 답은 수많은 작은 사람들이다. 시대의 흐름과 다른 일련의 가치에 투신한 수도자들이 없었다면, 체제 속에서 으스러져 문명으로부터 소외되었을 사람들, 곧 문맹자와 소외된 이들, 죽어가는 이들, 그리고 권리를 빼앗긴 이들이다.

여기서 현대 영성과 수도자에 대한 도전은 삶이라는 커다란 문화적 질문이 다시금 변화되었다는 점에 있다. 이제 교육은 당연한 것이고 의료 보험은 국가적인 사안이다. 참정권과 정당한 노동법 등은 제정된 지 오래이다. 세계화(지구화)와 생태, 노동자의 노동력 착취, 평화, 영적 황폐와 성차별은 시대의 이슈가 되었고, 인간 생존의 난제가 되었으며, 모든 제도의 판단 기준점이 되었다.

여섯 살만 되어도 미국 문화라는 질문을 가지고 씨름하고, 독립을 배우고 소비주의에 빠져들며, 자기만 찾는 이로, 방종에 빠지거나 자기중심적으로 양육된다. 미국 문화가 그러하다. 수도 생활 역시 이러한 시대적 측면들과 관련을 맺는다. 이 요소들이 수도회 지원자들의 특징을 이루고 기존 수도자들을 성가시게 한다. 즉, 이러한 것들이 수도 생활의 영적 수행을 형성하고 성찰의 길잡이가 되며 수도 생활의 목소리에 도전으로 다가온다. 문화 속에서 수도자는 이러한 부분에 주의를 기울일 필요가 있다. 수도자는 지적이고 경건한 도피자이거나 제도적 관료나 사회사업가가 아니다. 시대를 탐구하는 자들이 되어야 한다. 그렇지 않으면 수도 생활은 목적을 잃은 하위문화에 머문 채, 수도자는 자신만을 위한 존재가 되어, 생기를 북돋우는 빛이 되어야 할 곳에서 영적 도피자가 되어 아무도 원하지 않는 수도 생활을 구현하는 위험에 빠지고 말 것이다.

수도 생활의 기능은 각 시대가 당면한 질문을 당대 문화의 양심에 제기함으로써 영적 동반 및 자극을 통해 문화의 발전을 꾀하는 것이다.

당대의 수도자들이 새로운 가치 체계를 추구하는 데 있어서 사생활 존중이나 개인의 개발, 개인주의, 개인 종교 등 현대 문화유산에서 충분히 자유로운가 하는 점은 앞으로의 세대에서 보여 주어야 할 것이다. 오래된 질문들, 우리가 매우 만족스럽게 응답했던 양심의 자유, 교육, 종교 다원주의 등은 이제 당연한 것이 되었다. 과거 우리를 성화시켜 준다고 배웠던 특성들, 즉 군대식 순명이나 일종의 종교적 게토, 지나친 자기 부정 등은 이제 성화에 이르는 덕이 아니다. 오히려 반대이다. 업적, 안전, 국가적 편협주의로 이루어진 과거의 가치 체계는 경제적 지배와 군사주의, 맹목적 애국주의 등이 절정에 달함으로써 서구 사회에 새로운 도덕적 타락을 초래하고 있다. 지구가 살아남고 지구에 사는 모든 사람이 품위 있는 삶을 살아가려면 정치적 연민과 보편주의, 생명을 살리는 생태, 정의와 평화가 필요하다. 오늘날 수도자가 이러한 가치를 자기만 간직할지, 아니면 다른 사람들에게 분명히 드러내는 일에 헌신할지는 앞으로 차차 밝혀야 하겠다.

오늘날 수도 생활은 수도자들이 이러한 사안에 나름의 힘과 관상적 의식, 공통된 시각을 가지고 응답할 수 있도록 영적 수련을 함양하고 덕을 기르는 것을 필요로 한다.

우리가 스스로를 봉헌한다고 말하는 복음이 우리 삶 속에서 진정한 것이 되기 위해서는, 참된 수도 서원이 철저히 드러나야 할 때조차 수도자의 완덕이라는 명목으로 내적 문제에 매달리게 되는 경우가 분명히 있다. 문제는 누구도 수도 생활이라는 명목으로 과거의 의무들을 종교적으로 추구할 필요는 없다는 사실이다. 그것은 부조리하고 부적절할 뿐 아니라 거룩함 자체를 위선으로 만든다. 성화(거룩하게 됨)란 영적 어린이를 키우는 것이 아니라 성인聖人을 길러 내는 것이다. 즉 세상을 있는 그대로 받아들이고 그 세상을 하느님 나라에 더 가까이 인도함으로써 자신도 하느님께 더 가까이 다가가도록 하는 것이다.

페미니즘

현대 수도 생활을 형성하고 의미를 부여하는 데 문화만 유일한 요소가 되는 것은 아니다. 페미니즘도 수도 생활의 형성과 의미 부여에 새로운 기여를 했다. 여성의 역할 및 여러 관련 사안이 수도 생활에서 출구를 찾아낸 것은 새삼스런 일이 아니다. 우리의 앞선 선배들이 말 그대로 정치적 의미의 '페미니스트'는 아니었을지 모르지만, 자신의 인간성을 추구한 이들이었음은 분명하다.

1500년 이상 여자 수도 공동체는 남자 수도회와 별개로 살아왔고, 자체 수도회를 통괄해 왔으며, 나름의 사도직을 개발하고 각종 사업을 일으키고 경영하며 자금을 조달해 왔다. 여성 수도 공동체의 흥망성쇠에 관한 논의 없이 여성 의식의 기원을 논한다면 그 풍부한 역사와 모범, 여성이 이룩한 업적의 보고를 잃어버리게 된다. 성인전과 민간전승, 수도 공동체의 문서고에는 주교들에게 도전해 그들을 능가하거나 교황들을 대면하고 질책한, 또는 사회 규범에 이의를 제기하고 시정한, 강한 정신의 여성들의 이야기들이 가득하다. 무엇보다 여성의 수도 생활은 일반 여성들의 교육에 있어서 중요한 위치를 차지했다. 즉 따를 수밖에 없었던 종속적인 역할 규정에도 불구하고, 은총을 받은, 그러면서 은총을 주는 여성의 본성에 대한 의식인 페미니즘은 전 시대에 걸쳐 수도 생활이 가져온 선물 중 하나이다.

먼저 여자 혼자서는 어떤 일을 하도록 허용되지 않던 시대에 여자들이 사막으로 갔다. 또 사회에서 여성에게 법적 권리를 전혀 부여하지 않았을 때 스스로 정한 규정에 따르는 단체를 형성했다. 그리고 남성 사회 전반이 전혀 관심을 기울이지 않고 방치한 사람들을 여성들은 교육하고 돌보았다. 여성 수도자들은 전반적으로 여성의 신체적 통합과 심리적 가치를 위해 일했다. 시간의 흐름과 함께 그들은 조금씩 여성들을 교육시켰고 여성의 영향력과 중요성을 확장시켰다.

한편 현대의 페미니스트 수도자들은 과거 여성 수도자들이 여성으로서 스스로를 위해 하지 않은 일 한 가지에 관심을 갖게 되었다. 그것은 모든 곳에서, 심지어 교회 내에서조차 여성들의 투쟁을 자기 것으로 받아들인 점이다. 단순히 여성이라는 의식보다는 그 의식 자체를 더 의식한 것이다. 여성 수도자들은 체제가 여성에게 가하는 억압을 인식하면서 사회의 구조적 변혁을 위해 자신을 투신했다. 남성이 통제하는 교회 안에서 여성의 영적 온전함이라는 문제를 가지고 함께 연대했다. 여성 수도자들은 여성에 대한 낡은 생각을 새로운 페미니스트적 방식으로 그 제도 안에서 세밀히 살펴보게 되었고, 이는 제도 내부에서부터 비롯되었다.

이러한 성찰은 다양한 형태를 취했고, 많은 경우 공공연하게 이루어졌으며, 내적으로 이루어지는 경우도 많았다. 그리고 매우 절실한 문제가 되었다. 제도 교회는, 적어도 그 함축하는 바로 볼 때 공식적으로는 성찰을 필요로 하지 않는다고 하지만, 여성들은 복음을 다른 방식으로 읽은 바에 따라 교회에 그러한 성찰이 필요하다고 말한다. 이러한 상황은 다분히 선동적인 동시에 수도 생활의 예언적 차원이라는 질문에 대해 현재 얻을 수 있는 응답의 일부이기도 하다.

수도 공동체는 전례와 교회 문헌에서 남녀의 성차별이 없는 보편 언어 사용 운동이나 말씀의 선포자로서 여성들이 보이는 모범, 여성 사제의 수품 문제 등의 움직임으로 제도적 출구를 제공해 왔다. 어쩌면 보다 더 중요한 점은, 여자 수도 공동체가 지향하는 바와 목적으로 말미암아 많은 경우에 모든 종파 출신의 그리스도교 페미니스트들에게 영성적 중심지가 된 것이리라. 이러한 활동이 미치는 영향은 활동 그 자체보다는 제도 안팎에서 여러 가지 의문점들을 제기한 데 있다.

수도자들이 여성 운동에 참여함으로써 그들의 평생의 봉사와 공인된 투신에도 불구하고, 일부에서는 교회에 대한 여성의 진정한 가치에 대한 염려를 불러일으켰다. 그런가 하면 교회 내 여성의 역할에 관한 주장은 교회 자체의 조직 구조에 영향을 주었다. 경우에 따라 그러한 질문이 신앙을 위협한다고 간주하는 이들과 그렇지 않다고 하는 이들 사이에서 여성 운동은 수도 공동체 자체에 긴장을 초래하기도 했다. 끝으로, 여성 운동에 참여함으로써 여성 수도자들은 교회 내 다른 여성들에게 미치는 영향을 비판적으로 평가하게 되었다. 여성 수도자 스스로 남녀 역할에 대해 무엇을 가르쳤고 그것이 다른 여성들에게 어떤 영향을 미쳤는가 하는 것이다.

이는 여성 수도 공동체가 지닌 지난 시대의 여성 중심주의와 현시대 페미니즘과의 차이를 의미한다. 처음으로, 한 집단으로서 여성 수도자들이 과거 여성성 모델의 기반이 되었던 바로 그 신학에 의문을 품기 시작했다. 여성 수도자 스스로가 다른 여성의 종속된 모습을 보고 자기 역할에 대해 질문을 던진 것이다. 여성 수도자들은 여성의 평등에 대한 규정과 별개로, 본질적인 모순적 체제의 지속에 참여하기를 거부한 채 현재 자신의 행동을 점검하기 시작한 것이다.

사회학적으로 민감한 순간이다. 한편에서는 교회 안에서 오랜 역사를 지닌 소중한 제도가 파괴되고, 다른 한편에서는 인간 공동체의 진정한 발전이 가장 숭고한 영적 갈망, 가장 심오한 복음적 가치, 가장 참된 신학적 통찰이라는 노선을 따라 놓여 있다. 인간성의 보다 낮은 수준을 모방하는 가치를 선택하는 것은 과거 최고의 종교 전통을 배반하는 것이다. 또한 그것은 창조의 충만함을 추구하는 세대 앞에서 여성들의 문제 자체를 용기 있게 거론하지 못하고 오히려 방해할지도 모르는 여성 제도에 미래를 맡기는 위험을 무릅쓰는 것이기도 하다.

문턱과 경계, 몰입, 정체성에 대한 문제

문화와 페미니즘은 오늘날 수도 생활을 형성하는 주요 사안들 중 일부에 불과하다. 이 두 가지 외에, 제도적 발전 단계에서는 거의 논의되지 않았지만 수도 생활과 관련된 논의 중 항상 표면 가까이 있는 세 번째 사안은 문턱(Liminality, 새로운 상태로 넘어가는 상태), 경계, 몰입, 정체성의 문제이다. 현대 수도 생활에서 정체성 문제는 의심의 여지없이 교회 역사상 가장 중요하고 심오한 자리를 차지한다. 오랜 세월 동안 수도 서약은 수도자들이 세상사에 어느 정도 무관심한 것을 의미했다. 삶의 영적 차원과 물질적 차원 사이의 갈등인 이원론은 영적 생활과 직접 연관되지 않은 것은 무엇이나 의심했다. 이탈withdrawal을 종교 생활 양식의 영적 특징으로 삼게 된 신학적 근거라고 할 수 있는 장세니슴(흔히 얀세니슴이라고도 한다)으로 말미암아 수도 생활은 도시 산업 사회의 새로운 생활 패턴에서 벗어난 엄격한 생활 양식에 뿌리내리게 되었다. 19세기에 이르기까지 그렇게 뿌리내리는 작업이 완료되었다. 즉, 수도 생활이 문화 속의 또 다른 문화가 된 것이다.

하위문화가 사회로부터 분리되는 과정은 비교적 단순하다. 타이틀, 휘장, 유니폼, 담 쌓기 등을 통해 다양한 집단이 생겨났고, 이들 집단은 모두 로마 가톨릭 수도회의 범위를 훨씬 넘어섰다.

조직은 한 집단에 신비한 매력과 은밀한 요소와 소속감을 부여한다. 다른 한편으로 조직이 그 집단의 사회적 중요성을 반드시 알려 주는 것은 아니다. 사회에서 중요한 존재가 아니면서도 사회 속에서 차별화될 수 있다. 한 집단 내에서 눈에 띄게 분리된 집단이 되면서도 여전히 주류 체제 내에서 그 집단의 가치에 대한 궁금증을 불러일으킬 수 있다. 신학적으로든 사회적으로든 집단의 목적과 의의에 대한 질문은 점점 더 상징적 방법을 통해서 답을 얻기 시작한다.

한편, 정체성 없는 단체는 단체라고 할 수 없다. 혼자 할 수 없는 것을 함께하기 위해 단체에 가입한다는 사회학적 기본 원칙은 수도자들에게는 특별히 더 중요해진다. 결국 수도 생활은 '하나의 완전한 제도'이다. 남자들과 여자들이, 얻으려고 애쓰는 것도 없이, 집이라고 할 만한 장소도 없이, 삶을 나눌 상대도 없이, 온전히, 매일, 평생 자신을 그 제도에 내어놓는다. 질문, 왜 그렇게 할까? 답, 세상에서 하느님 나라를 필요로 하고 드러내는 관상적 현존이 되기 위해서, 그리고 세상이 하느님께서 원하시는 창조물이 되도록 일조하기 위해서이다. 다시 말해, 수도회의 정체성은 개인적일 뿐 아니라 사회적이며 제도적이다. 수도회는 그 자체로서 존재 이유와 사회 내에서 정체성을 가져야 하고, 수도회와 다른 단체 사이에서 주고받되 예언적인 경계를 지녀야 한다.

미국에서 정체성의 질문에 답하는 것을 보다 중요하면서도 더 어렵게 만든 사건이 두 가지 일어났다. 첫째, 수도자 개인의 정체성이 흐려진 것이다. 안타깝게도 한때는 정체성 문제를 전혀 다룰 필요조차 없게 했던 요소인 수도복을 수도자가 착용하지 않을 뿐 아니라, 그러한 문제가 보다 큰 사안인 가톨릭 전체의 정체성과 미국인으로서의 정체성으로 연결된 것이다.

과거 미국에서 가톨릭으로 통하던 존재인, 일종의 가톨릭 게토를 형성하면서 동시에 그것을 초월하고자 했던 여러 가톨릭 기관들이 날로 증가하는 비용과 성소 감소 및 가톨릭 정신에 있어서의 태도의 변화에 희생물이 되었다. 사실 수도자 및 가톨릭 정체성의 위기는 가톨릭이 미국에서 실패했기 때문에 생겨난 것이 아니다. 반대로, 가톨릭 정체성이 정확히 성공했기 때문에 문제가 되었다. 신앙을 보존하고 가톨릭 인구를 다원주의 사회에 편입시키려는 목표는 엄청난 성공을 거두었다. 사실 교회와 종교 기관들이 너무나 성공적이어서 가톨릭 신자들은 가톨릭 하위문화에 반드시 속해야 한다고 여기지 않았고, 어떤 경우에는 바람직하게 여기지도 않게 되었다. 서서히 그러나 분명히 신자들은 자신을 공공의 해악으로부터 보호해 주고 격리시켜 주던 가톨릭 공동체를 떠나, 자신감을 가지고 더 넓은 세상으로 들어가기 시작했다. 즉 일반 병원에도 가고 자녀를 공립 대학에 보내기도 한 것이다. 차츰 가톨릭 신자들은 성당에 가는 것을 제외한 거의 모든 일에 있어서 주변 문화 속으로 융화되었다. 가톨릭 신자가 된다는 것은 삶의 양식보다는 종교가 되었다.

제2차 바티칸 공의회의 공인된 가르침과 비용과 거리 및 가톨릭 기관의 수가 줄어드는 등의 실질적인 문제를 비롯해, 미국 생활이 전반적으로 특정 종파의 영향에 들지 않게 되면서 새로운 부류의 가톨릭 평신도가 등장했다. 이들은 민족적 특성을 드러내기보다는 문화적으로 융화되었다. 대중에게도 더 잘 받아들여지고, 세계적인 선택과 특성을 드러냈다. 미국 내에서 로마 가톨릭 교회의 육화와 미국 가톨릭의 토착화가 시작되었으며 게토로 머물던 교회는 사라지기 시작했다.

그렇게 발전하는 사회 안에서 양성을 받은 일부 수도자들은 사람들과 함께 여러 학교에서 나와 보다 넓은 그리스도교적 지평으로 나아갔다. 또 다른 수도자들은 가톨릭 제도 안에 머무르면서 미국인으로서의 정체성 안에서 가톨릭 정체성을 유지하려 노력하며 딜레마에 직면하게 되었다. 예를 들어, 가난한 노인들에게 쉼터를 제공할 수 있지만, 그러기 위해서는 미국 정부가 내놓은 프로그램의 규정 사항들을 충족시켜야 했다. 가난한 이들에게 교육을 제공할 수는 있지만 정부가 공인한 기타 교육 기관에 요구되는 교육 과정과 기술적이고 전문적인 필수 사항을 따르는 조건하에 가능했다. 난민들을 위해 일할 수 있지만, 이 일 또한 외국인 거주자를 위해 미국이 정한 시민권 기준에 부합할 때에만 가능했다. 이주 노동자 주간 보호 프로그램을 실시할 수 있지만, 그 시설들이 연방 정부가 정한 규범에 맞아야만 했다. 의료 봉사도 공공 기관에서 제공하는 기준과 절차에 따른 조건을 만족시킬 때에만 가능했다. 그리고 여자 수도자들의 경우에 본당에서 일할 수 있지만, 교회법 규정에 따라 본당에서 진정한 권위자이자 책임자인 본당 사제에게 종속된다는 조건 아래서만 가능했다. 결국 백여 년 동안 규정된 역할과 제도적 정체성, 가톨릭 하위문화 내에서 공식적인 인정을 누렸음에도 이제 수도자는 눈에 보이지 않는 기능적 역할의 수행자로 전락한 것이다. 가톨릭 제도라는 것 자체의 본질에 그림자가 감돌게 되었다.

사회적으로 문화 다원주의가 내포하는 의미와 페미니즘, 수도생활, 교회라는 보다 큰 정체성 문제에 직면한 수도자들은 교회 내에서 자신들이 더 이상 필요한 노동력이 아님을 깨닫기 시작했다. 수도자들은 처음부터 마땅히 되어야 할 존재인 영적 목소리, 문화를 거스르는 징표, 문화 속에서의 예언적 존재가 될 필요가 있었다. 무엇을 위해서, 또 어떻게 그런 존재가 되는가가 문제였다. 분명해진 것은, 소수 민족이던 가톨릭이 주류 문화 속으로 편입되어 들어가기 전에 수도자들을 필요로 했던 곳에서 더 이상 그들을 필요로 하지 않게 되었다는 점이다. 반면 가톨릭의 특성과 수도자의 사명이 무엇인지는 더욱더 모호해졌다. 토착화 자체가 수도 생활 안에서 가장 중대한 사안이 되었다.

토착화

20세기 중반까지는 삶 속에서 의식적으로 만든 특정한 생활이 의문의 여지없이 수도 성소의 본질이었으나, 제2차 바티칸 공의회의 새로운 교회론이 나오면서 수도자 서약의 가장 분명한 특성에 의문을 제기하게 되었다. 처음으로 교회는 교회 자체를 현대 역사 안에서 공격을 받아 온 하느님 나라로 규정하지 않았다. 교회는 '누룩'이 되었고, 그 말이 함축하는 의미에 따라 수도 생활 또한 교회와 함께 누룩이 되었다. 초월 신학은 조금씩 변모 신학 theology of transformation에 길을 내주었다. 동일한 문화권에 속하지 않는 사람들이 함께 살게 될 때 그들의 정신과 영혼과 마음속으로 들어가야 할 필요성이라고 정의되는 토착화가 수도 생활 자체를 위한 전환점을 마련했다. 영적 생활을 현실 세계로 되돌려야 할 때가 된 것이다.

하지만 현대 사회에서 수도 생활의 자리를 찾으려는 현재의 노력이 지닌 더 복합적인 요소는, 제2차 바티칸 공의회 무렵 가톨릭 정체성 자체가 변화되었듯이 국가 및 민족의 정체성도 변화되었다는 사실이다. 1950년대 미국 출신이라는 사실은 미국 문화를 보존하고 그것을 해외로 수출해, 미국 외의 세상이 미국인이 알고 있는 바와 동일한 생활 수준과 정치적 특성을 띠도록 그 메시아적 책임을 다해야 함을 뜻했다. 즉 다수의 무신론자들에 저항해 그리스도교를 수호하고, 무너진 유럽을 재건하며, 제3세계를 민주주의로 전환시키고 구해야 했다. 이것이 다름 아닌 서구 자본주의였다. 한차례의 세계 대전에서 승리한 주류의 백인들의 세상이 곧 평화를 이룩하는 세상은 아니라는 사실이 분명해졌다. 사정이 달라졌다.

미국은 정치, 경제, 군사적 스캔들의 온상이 되었다. 북미 금융계에 집중된 제3세계 채무, 미국의 핵무기 정책, 유해 폐기물의 지구 위협, 가장 부유한 국가 미국에서 점차 증가하는 빈곤층, 가난한 국가를 상대로 한 전쟁, 중미 민중 해방 운동을 향한 억압, 여러 도시 내 폭력의 급격한 증가 등으로 미국은 혼란에 빠졌다. 국가의 가치관은 산산조각 났고, 미국에 대한 이미지는 실추되었으며, 삶의 질이 심각하게 손상되었다. 여러 세대를 교육하는 데 투신했으나 막상 체제의 이권으로부터 혜택을 누리게 되자 수도자들은 자신의 가치관과 동기와 교육을 재고하기 시작했다.

현대 역사 안에서 여러 수도회의 진정성을 증명한 예를 꼽자면, 미국 수도자들이 과거 가톨릭의 다양한 사업의 성공에 따른 기관의 이익과 개인의 안위보다는 전통적인 카리스마에서 나오는 영감을 계속 불어넣음으로써 자국의 변화하는 상황에 응답한 순간이다. 엄청난 수의 수도자들이 선배들이 설립한 교회의 학교들에서 나와, 무료 급식소나 평화 센터, 본당으로 이동했다. 또 쇠퇴하는 도심에서 정치적으로 혜택을 받지 못하는 이들을 대변하는 역할을 맡았다. 물론 모두가 전적으로 그런 것은 아니다.

세대마다 수도자들은 복장과 생활 양식 등의 외적인 변화를 이루며 겉으로는 일반인들과 비슷한 한 발을 내딛는다. 하지만 그보다 수도자들의 특색과 현존을 뚜렷이 드러내 줄 변화가 앞으로도 계속 이루어져야 할 것이다. 수도자들은 생활 방식을 바꾸었지만 그래야 하는 사회적 목적이나 도덕적 근거, 신학적 당위성이 반드시 분명한 것은 아니었다. 오히려 수도자들 스스로도 명확히 이해하지 못한 상태였다. 많은 수도회에서 회원들이 자신의 관심사에 따라 새 사도직을 시작하도록 '허락한다.' 그것이 가난한 이들이나 카리스마의 보전을 위해 권장될 일인지 아닌지는 많은 경우 별개의 문제가 된다. 가령, 과거의 가톨릭이 교육 사도직이나 이주민 사목, 의료 사도직 등 특정 분야에 전적으로 매달렸던 것과 달리, 현시대에는 주요 사안인 핵 무장의 해제나 여성, 생태, 제도적 가난 등에 주력하는 수도회를 찾아보기 힘들다. 많은 수도회가 각 영역에 예언적 일을 수행하는 회원을 두긴 하지만, 과거에 환영받지 못한 이주민들을 교육하고 버려진 이들을 돌보고 치유하는 데 막대한 투자를 했던 것처럼 현시대의 구체적 사안에 대해 공식적인 조처를 취하는 수도회는 소수에 불과하다.

한편, 토착화를 위한 토착화는 사회의 모든 구성원과 집단을 존재의 뚜렷한 목적이나 이유 없이 비슷비슷해하게 만듦으로써 그 고유성을 희미하게 만든다. 토착화는 한 문화가 지닌 특성을 취해 그 문화에 중요한 가치를 더하는 과정이지 잠식시키는 과정이 아니다. 종교가 한 사회에서 제대로 토착화될 경우, 환경에 의미를 발견하고 그곳 사람들의 체험에 영적 의미를 부여한다. 물론 이질적이고 적절치 않은 형식을 부과하거나 덮어씌우지 않는다. 과거 다른 곳에서 이상적이던 것을 내세워 현재를 혼란스럽게 하지도 않는다. 토착화는 친숙한 것 안에서 거룩한 것을 인식하는 과정이다. 결코 진부함 속에서 스스로를 상실하는 과정이 아니다.

수도 생활의 토착화의 목표가 불분명하면 그 자체의 맥이 빠져버려 사람들이 수도 생활을 더 이상 필요로 하지 않게 될 수도 있다. 토착화는 해당 지역 내 다른 사람들과 같은 복장을 하고 같은 장소에서 일하며 같은 생활 수준으로 살면서, 그렇게 축적된 각각을 어떻게 균형 있게 유지할 것인지를 상관하지 않는 것 이상이다. 토착화는 진정한 축복을 기념하고 지정된 장소에서 현실적으로 져야 할 짐을 책임 있게 수락한다. 그것은 회심으로 이어지며 축복과 짐을 더욱 분명하게 해 줄 뿐 아니라 다른 이들도 질 수 있게 한다. 이는 개인의 안위가 아니라 하느님 나라를 위한 의식적인 선택의 공동 노력이다.

문화가 발하는 빛을 유지하는 데는 문화를 존중하고 이해하는 사람들의 투신이 필요하다. 사람들이 온전함으로 나아가는 걸음을 멈추지 않도록 문화라는 빛 속에서 영적 빛이 잘 타오르도록 하는 것이 수도 생활의 역할이다. 수도자만 그러한 일을 담당하거나 다른 그리스도교 신자들보다 수도자가 더 뛰어나다는 뜻은 아니다. 다만, 스스로의 정체성으로 말미암아 수도자는 복음의 주요 대상인 가장 가난한 이들을 위해 언제나 공적으로, 또 일관성 있게 그렇게 해야 한다.

이렇게 볼 때 현재 사회에서 수도 생활의 가치에 관한 질문에는 수도자들의 문화가 던지는 도전을 수반한 현대의 수도 생활이 사회에 귀감을 보이는 특징과 거기서 드러나는 여성성의 모델, 사도직의 예언적 본질, 사회에서 수도자의 현존이 드러내는 특질 등을 살펴봄으로써 응답할 수 있겠다. 이때 수도자들이 자신의 삶 속에서 강조하는 바는 다음 세대의 수도 생활에 영향을 미친다.

미국의 수도자들은 이전 시대나 모든 문화의 수도자들과 마찬가지로, 우리가 잘 알고 있는 미국 문화를 설계하고 형성하는 데 큰 역할을 했다. 업적, 순응, 생산성은 미국 수도 생활의 역사를 나타내는 특징이었고 현재 수도자들이 겪고 있는 딜레마의 분수령이 되었다. 현재의 세상은 편협성이 아니라 보편성에 대한 의식을, 국가나 종교적 쇼비니즘(chauvinism, 맹목적 애국주의)이 아니라 세계 공동체의 비전을, 시설의 장이 아니라 새로운 경제 질서를, 주변 민족으로부터 스스로를 단절시키는 도덕적 편협함과 같은 하찮은 의식이 아니라 부자를 부유하게 하고 가난한 자를 가난하게 하는 제도적 죄의 정체를 파헤치는 끈질김을, 무수한 개인 신심이 아니라 세상을 향한 하느님의 뜻을 관상하는 인식을 필요로 한다. 즉 현재의 문화가 필요로 하는 바는 수도 생활이 존재하는 문화보다 더 광범위한 수도 생활이다. 종교 무대를 넘어서는 수도 생활이고 부도덕하지는 않더라도 일종의 도덕관념이 없는 자본주의에 눌려 거칠게 변한 세상에 빛나는 양심의 빛을 가져다줄 수도 생활을 필요로 한다.

 선한 실천에 대한 목소리를 촉구하는 수도 생활을 가난한 이들과 지구는 필요로 한다. 수도자이면서 여성 운동에 동참하는 용기를 보이지 않는다면 사이비 종교 의식을 위해 복음을 포기하는 것이다. 페미니즘의 선언이 곧 예수님을 따르는 것이다. 그분은 여성을 죽음에서 일으키시고, 당신 메시지를 선포하도록 위임하셨으며, 당신의 비전을 가르치시고, 여성의 존엄성을 바로 세우고 공적으로 그것을 인정하셨다. 그분은 한 여인의 희생을 통해 몸소 사람이 되셨으며 공개적으로 여성의 뒤따름을 허락하셨다. 우리부터 그렇게 하지 못한다면 모든 이를 위한 메시아의 해방의 메시지를 우롱하는 것이 된다. 여성을 교육시키지만 그 여성들의 교육이 사회적 의미를 지닐 수 있는 평등한 사회 공간을 제공하지 못하고, 여성들을 치료하지만 인간으로서의 가능성을 온전하게 열어 주지 못한 채 버려둔다면, 여성도 온전한 인간이라고 가르치면서 그들이 온전하게 영적인 어른임을 부정한다면 육화와 세례, 은총과 속량 자체의 신학을 조롱하는 것이다. 페미니즘에 투신하지 않은 상태로는 교회 자체가 현대의 신뢰를 받을 수 없다. 과거에는 수도 서원을 통한 축성이 예언적 자세로서 인정을 받았지만 이제는 축성만으로는 충분하지 않다. 수도회는 진정한 방식, 곧 평등한 구조와 모든 구성원을 포함하는 전례, 독립적인 생활 양식, 그리고 억압받는 이들을 위한 봉사뿐 아니라 억압에 저항하는 사도직을 통해 여성의 개발에 투신함을 드러내야 한다.

억압받고 거부당하며 제대로 인정받지 못한 여성들은 스스로를 인식하도록 이끌어 줄 남녀 수도자를 필요로 한다. 교회와 사회에서 여성들의 요구에 응답하기 위해 치러야 할 대가는 값비싸다. 그러나 여성들의 요구에 비전을 가지고 용감하게 진정으로 응답하지 않는다면 교회는 훨씬 더 많은 대가를 치를 수밖에 없다.

현재의 문화 안에서 실효를 거두기 위해서 우선 수도 생활은 참 정체성을 지녀야 한다. 수도자는 서원한 독신자나 생산적인 노동력 이상으로 인식되어야 한다. 수도자는 독신의 삶으로 자신의 정체성을 가치 있게 만들어야 한다. 즉 자신의 관상적 정체성이 실재가 되게 해야 한다.

정결의 기능은 사랑 없음이 아니다. 정결의 기능은 무한히 사랑하는 것이며, 사랑의 투신을 통해 나를 사랑하는 사람들보다 더 많은 사람들에게 목숨을 내어 주는 것이다. 독신을 선택한 사람은 기꺼이 용기를 낼 수 있고 거부 역시 받아들일 수 있다. 책임 때문에 어쩔 수 없이 종속되고 체제 속에 머물 수밖에 없는 다른 사람들과 달리, 자신을 넘어서 다른 이들의 생존을 위해 종속과 체제를 벗어날 수 있는 것이다.

관상은 수도자의 정체성의 핵심이며, 수도 생활의 에너지이다. 수도자의 투신의 핵심은 그것이 사회사업에의 헌신 이상이라는 점이다. 나치 치하의 독일에서부터 인종 차별이 잔존하던 남아프리카공화국에 이르기까지, 확고한 신념을 가진 사회사업가들은 세상 어디에나 존재했다. 그들은 상처 난 이들을 싸매 주고 너무 약해 스스로도 돌보지 못하는 이들의 간청을 들어준다. 그러한 일들은 그들이 지닌 인간적 연민과 사회 질서 의식에서 나온다. 반면, 관상가는 하느님 뜻을 강렬히 의식함으로써 그렇게 한다. 효과가 얼마나 있든, 얼마나 많이 일반 사람들이 인정을 하든 보편적 삶과 무한한 가능성에 대한 관상가들의 그치지 않는 열정은 어떠한 사회 질서도 억누를 수 없다. 관상가는 우주적 꿈을 꾸는 안목으로 사회 한가운데 서서 그 꿈을 외친다.

세상은 상처 입고 버림받았기에 신적 열정으로 충만한 채 모든 이를 사랑하는, 사랑에 빠진 수도자들을 필요로 한다.

토착화는 커다란 종교적 선물이다. 존재하는 모든 것이 그대로 좋다고 선언하는 것이 바로 토착화이다. 토착화는 어떠한 것도 금기시하지 않는다. 존엄성을 지닌 모든 것에 관심을 둔다. 세상의 모든 것을 하느님의 목적을 위해 바친다. 토착화는 육화를 실재로 만든다. 그런가 하면, 토착화되지 않았더라면 중요하게 여겨졌을 것이 토착화로 인해 하찮게 될 수도 있다. 토착화는 삶의 모든 면을 획일화해 진부하게 만들 수도 있다는 뜻이다. 랩 음악으로 진행되는 결혼 예식, 손에 커피 잔을 들고 하는 기도, 목적과 깊이 없이 대학 기숙사처럼 사는 수도 생활 등등 삶이 신성하다는 의식을 감소시키거나 우리 안에 있는 의미 있는 것과 무의미한 것 사이의 구분을 제거할 위험이 있다.

세상에서 버려진 이들은 자포자기의 경우를 제외하고는 모든 것에 있어서 자신들과 함께 살아가는 수도자를 필요로 한다. 즉

'그들이 삶을 영위하되, 좀 더 풍부히 영위하도록' 하기 위해 오셨던 그분의 이름으로 내일의 삶이 오늘보다는 나을 수 있도록 희망을 주고 도움을 주는 데 헌신하는 수도자를 필요로 한다.

마초이즘(machoism, 남성 중심주의)으로 제정신이 아닌 세상에 페미니스트적 삶의 비전을 드러내려는 사람들과 가난한 이들, 메마르고 사랑 없는 영혼들, 억압받고 소외된 이들, 지구 환경 등은 위안을 주는 존재를 필요로 한다. 그것은 진정한 영적 생활, 즉 영적 위로나 구슬림이 아니라 복음을 일깨우는 삶을 살아온 수도자들의 일치된 목소리를 필요로 하는 것이다.

수도 생활이 다른 삶보다 반드시 더 '종교적'인 것은 아니다. 다만 수도 생활은 무엇보다도 영적 수준의 향상에 힘쓰며 세상의 관심을 그러한 영적 차원의 활동으로 돌리는 데 헌신하고 지향하며 책임지는 생활일 뿐이다. 수도 생활은 세상 전반과 계약을 맺고, 인류의 영적 추구를 위해 세상의 주요 사안이 지닌 영적 맥락과 관심사, 질문 등을 감시하고 감독하며 알릴 것을 약속하고 보장하는 것이다.

실제로 당면한 문제는 수도 생활이 세상과 맺는 관계의 문제가 아님이 분명하다. 문제는 현재 수도자가 심리적으로나 영적으로 새로운 관계를 현실화할 수 있는가이다. 수도회 안에 충분한 에너지가 남아 있는지, 또는 현재의 회원들 안에 스스로의 성장을 도

모하는, 개인적이 아닌 사회적 영향을 추구하는 집단적 차원에서의 투신할 힘이 남아 있는지가 현실적인 문제이다.

여기에 응답하기 위해서 수도자들은 기꺼이 현재의 가치를 비판하고 새 가치를 만들어 나가야 한다. 여성의 삶의 변화를 위해 교회와 사회 안에서 여성 문제를 위한 공간과 내용을 제공하는 동시에 수도자 스스로에게도 그렇게 해야 할 것이다.

현대 사회에서 정체성을 재확립하기 위해 수도자들은 자신이 하는 모든 일에 관상적 현존과 예언자적 용기를 부여해야 할 것이다.

단순히 주변 문화와 같아지는 것이 아니라 성공적으로 토착화하기 위해 수도자들은 자신보다 더 큰 무엇을 나타내야 하고, 눈에 드러나고 위험성이 높은 집단으로서 다시 한 번 그것을 대변해야만 한다. 다시 말해, 수도자들은 실질적인 방법을 통해 당면한 문제에 진정한 현존이 되어야 한다.

과거 수도 생활은 문명을 구하고 신앙을 전파하며, 가난하고 소외된 이들을 그들과 상대도 하지 않으면서 종종 착취만 일삼던 사회 안으로 다시 발을 내딛게 이끌었다. 현대의 수도 생활이 그처럼 거룩하고 영향력을 지닌 진정한 수도 생활이 되려면 어떤 가치와 덕이 필요할까?

캐서린 드 휴엑 도허티(Catherine de Hueck Doherty, 캐나다의 마돈나 하우스 설립자)는 "한 사람이라도 타성에서 벗어나도록 자극을 줄 때 비로소 살맛이 났다."고 한다. 문제는 '수도 생활이 존재해야 하는가?'가 아니다. 그보다는 '세상이 우리 시대에 던지는 커다란 필요에 부응하기 위해 수도 생활은 충분한 자극을 주고 있는가?'이다.

보다 현실적인 문제는, 수도 생활을 진정시키는 데 필요한 에너지를 타오르게 할 충분한 불씨가 아직 이 잿더미 속에 있는가이다. 그것은 곧 복음의 불길로 충만한 수도 생활이 되기 위해 현재 어떠한 자질이 필요한가이다. 오늘날 우리가 아는 수도 생활에 거룩하고 고결한 점이 있다면 무엇인가? 무엇이 되었든, 현재 미래의 수도 생활을 안전하게 안정시킬 무언가가 있는가?

수도 생활의 여러 새 덕목들은 분명하게 우리를 재촉한다. 새로운 덕목을 단순하게 받아들이고 구체화하며, 과거에 적합했던 여러 덕목들이 행한 바를 새로운 덕목에 기대어 오늘날에 적용하고자 하는 것은 일종의 도전이다. 과거 했던 업적을 이 시대에도 행하고자, 우리 영혼의 힘을 빼고 병적일 만큼 자기중심에 빠져 삐뚤어진 사회와 거친 세상에 진정한 공동체를 이루라는 하느님의 부르심을 자유롭게 선포하는 일은 분명 도전으로 다가온다.

수도 생활의 목적은 살아남기 위한 것이 아니라, 예언이다. 수도 생활의 역할은 새로운 질문이 던지는 도전에 더 이상 적절치 못한 지나간 과거를 보존하는 것이 아니라, 현재 우리 시대를 위한 기쁜 소식을 드러나게 하는 것이다. 즉, 현재를 거룩하게 만드는 것이다. 우리가 던져야 할 질문은 '현재의 수도 생활이 진정한 수도 생활인가?'가 아니다. '과거와 마찬가지로 가치 있으면서 현시대에도 적용될 정도로 훌륭한 영적 수련은 무엇인가?'이다. 다시 말해, 현재의 수도 생활이 지닌 장점 중 21세기에 알맞은 영성을 이루는 것은 무엇인가이다.

2. 재 속의 불씨

　교황 요한 23세가 소집하여 로마 가톨릭 교회 내 개혁과 쇄신을 주도했던 제2차 바티칸 공의회가 폐막하고 30여 년 뒤, 교황 요한 바오로 2세는 수도 생활에 관한 세계 시노드를 소집했다. 교황청에서 발표한 시노드의 목적은 공의회로 시작된 변화와 수도 생활의 현재 상황을 평가하여 새로운 방향을 제시하는 것이었다. 바티칸 공의회의 효과는 광범위하고 개혁적이었다. 모든 곳에서 변화가 폭발적으로 일어났고, 곳곳에 흥분이 불붙었으며, 새로운 방향이 무수히 제시되었다. 반면, 수도 생활에 관한 시노드는 팡파르 없이 시작되어 조용하게 진행되었고 새로운 발의가 나오지도 않았으며 명백히 큰 희망을 불러일으키지도 않았다. 어쩌면 수도 생활에 대해 교회가 어떻게 생각하고 있는지를 알게 된 것 외에 실제로 새롭거나 활기를 주는 것이 전혀 없었다.

　시노드에 대해, 특히 수도 생활에 관한 시노드에 대해 좀 더 이성적으로 좋은 점을 찾자면, 시노드가 창출해 낼 수 없거나 파괴하지 말아야 할 것을 방해하지 않았다는 점이겠다. 여하튼 시노드의 최종 문헌에 드러난 바는, 적어도 시노드 자체가 현재의 수도 생활 상태에 대해 크게 비난하지 않았고, 수도 생활은 새로운 생활을 향해 무모하게 비틀거리며 나아가고 있지만 대부분의 사람들이 알고 있거나 인정하는 것보다 훨씬 더 나은 상태라는 것이다. 사실 세계의 모든 시노드가 아무리 공식적으로 표명한다고 하더라도 수도 생활을 쇄신하지 못하고, 쇄신할 수 없으며, 쇄신할 가능성도 없다. 오직 수도자만이 수도 생활을 쇄신할 수 있기 때문이다.

다시 말해, 수도 생활은 단순히 비준을 받아야 할 결의안이 아니다. 어떠한 공적 회의에서도 토의나 법 제정을 통해 수도 생활을 거룩하게 할 수는 없다. 수도 생활은 법률 제정과 같은 차원을 훨씬 넘어선다. 수도 생활은 과감하고 실제적인 방식으로 전 시대에 걸쳐 복음적 삶이 존재하도록 교회에 부여된 선물이다. 수도 생활은 시멘트 성전에, 추수를 앞둔 대평원의 화재에 내려진 은총과 같다. 수도 생활은 법이라기보다 영이며 하느님 생명을 위한 에너지이다. 그 에너지는 한 집단을 관통해 고동치며 흐르므로 보다 낮은 수준에서 나오는 장애물이 아무리 현실적이고 합리적일지라도 그 집단에 손상을 가져오지 못하게 해 준다.

그럼에도 불구하고 역사적으로 교회는 항상 다루기 힘든 조랑

말에 안장을 올려놓듯이 수도 생활을 길들여 왔다. 하지만 어떠한 교회법도 수도 생활의 역동적인 정신을 파괴하지는 못했다. 수도 생활이 계속해서 교회 규정에서 벗어나려 했었음에도 불구하고, 거듭해서 가던 길에서 벗어나 도달할 수 없는 것에 이르려고 해 왔다. 수도 생활은 사회적 혼돈 한가운데서 그리스도교 공동체를 세웠고, 야만적 만행이 한창일 때 문화를 보존했으며, 남성 중심 체제 내 문맹 상태의 여성들을 사목했다. 병든 이들과 죽어 가는 이들, 사회에서 필요로 하지 않는 계층을 존중했고, 고아들을 불러 모았으며, 보잘것없는 이들에게 관심을 기울이고 발언권이 없는 이들의 목소리를 대변했다. 국경선 너머 이국의 사람들에게 치유의 손길을 뻗치는 모험도 감행했다. 현재의 수도 생활도 이러한 면면은 별반 다르지 않다.

 이 시대의 수도자는 상처를 주는 세상에서 누룩이 되기 위해 중세의 획일적 복장을 버렸고, 이혼한 자들과 동성애자를 받아들였으며, 교회에 가지 않는 이들과 함께하기 위해 금기를 넘어섰다. 그리고 신뢰할 수는 있지만 이제 단순한 기관일 뿐인 초창기 급진적인 기관들을 떠나 간신히 허가를 받은 새 시설들에서 수도자는 일하기 시작했다. 즉 무료 급식소나 매 맞는 여성을 위한 환대의 집, 노숙자들을 위한 호스피스, 폭력마저도 신학적으로 다루어지는 세상에서 정의 평화 센터 등이다. 수도 생활은 교회 한가운데서 항상 성가시고 어수선한 것이었고, 지금이 가장 그러하다. 일부 문헌에서는 수도 생활을 교회의 '예언적 차원'이라고 하고, '카리스마'라고도 한다. 용어가 아니라 그 개념이 중요하다. 카리스마는 인지되거나 자유롭게 해 주는 선물이지 통제할 수 있는 조직이 아니다. 그리스도교의 어떠한 교회법도 그 정신 안에 존재하지 않는 것을 율법주의로부터 만들어 낼 수 없다. 카리스마는 진흙이 아니라 활력이고, 직무가 아니라 정신이며, 노동력이 아니라 움직임이다.

여기서 시노드는 무엇을 규정하고 방향 짓는 장치의 일부라고 정의할 수 있겠다. 그러나 이번 시노드의 경우, 죽음과 같은 산고에서 수도 생활이 살아남기 위해서는 최대한 시노드에서 규정하는 의미에 저항하거나 역병에서 도망치듯 시노드가 제시하는 방향에서 벗어나야 할지도 모른다.

그렇지만 수도 생활에 관한 시노드가 이 시대의 긴장과 강점의 실체를 밝힘으로써 수도 생활 본연의 모습대로 선물로 여길 수 있게 했다는 점은 분명하다. 시노드는 제도를 지키려는 이들과 그 제도를 공식적으로 혁신하려는 수도자들 사이의 줄다리기와 같았고, 그 결과들을 살펴보는 일은 흥미진진했다. 서로 두려워한 제도의 안정적 유지와 제도의 계속적인 변화의 공존이 교회에는 근본적인 선물이 될 수 있었다. 오히려 어느 한편만이 최종적으로 승리할 때 진짜 문제는 생겨날 수 있기 때문이다.

시노드의 의안집에 대한 응답은 오늘날 수도 생활과 교회에서 작용하는 힘과 저항 세력의 요소들을 분명히 반영했다. 교계 제도는 통제를, 수도자들은 급속히 변화하는 세상 안에서 끊임없이 새롭게 예언적 삶을 사는 데 필요한 자유를 강조했다. 교계 제도는 교회법적 범주와 규율을, 수도자들은 자율성과 자발성을 주장했다. 교계 제도는 서원을, 수도자들은 구별된 생활 양식의 발전에 초점을 모았다. 교계 제도는 순명을, 수도자들은 안식일에 나환자를 치유한 그리스도를 어리석을 정도로 과감하게 뒤따르는 데 필요한 격려와 인정을 강조했다. 시노드와의 협상은 스노슈즈 snowshoes를 신고 지뢰밭을 통과하는 것과 같았다. 그것만으로도 우리를 대신해 그 모든 과정을 거쳐 온 이들은 확실히 축하를 받아야 한다. 더불어 감사 또한 받아 마땅하다.

수도 생활에 관한 시노드의 문제

수도 생활에 관한 시노드가 지닌 문제는 문제가 있었다는 사실에 있지 않다. 오히려 훨씬 미묘한 두 가지 개념에 있다. 먼저 시노드는 카리스마에 대해 이야기했지만 현시대에 황폐해진 그리스도인의 삶에 자극적인 에너지를 부여하기보다는 경고하는 데 급급했다. 그것은 성령께 나아가는 여정이라기보다는 교회 내 행사였다. 시노드에 영감을 준 제2차 바티칸 공의회가 보여 준 단순한 개방성과 서슴없이 위험을 무릅쓴 태도를 확인하기보다는 성령을 통제하려고 나섰음이 두드러졌다. 결과적으로 시노드는 현대 생활에서 일어나는 많은 변화에 의혹의 눈길을 보내는 교회의 사조를 희망과 확인의 합창으로 바꿀 기회를 잃어버린 채 참석자의 머리 위에 아무 쓸모도 없는 낡은 가죽 끈처럼 매달려 있었다. 생명을 불어넣지도 불을 지피지 못했고 열기를 되살리지도 재를 휘젓지도 못했다. 시노드가 한 일이라고는 새삼 예의를 차려 옛 영역에 시험 삼아 발을 디뎌 본 것일 뿐이다. 사실 시노드 전체가 마치 아이들이 금지된 만화책을 보다 자는 척 숨을 죽인 채 누워 있는데 부모가 침실 문간에서 인상을 찌푸리고 있는 장면을 어설프게 재현하는 듯했다. 그런 상황에서는 아무도 속아 넘어가지 않는다. 부모는 뭔가 이상한 낌새를 눈치채고 알아내기만 하면 바로잡아야겠다고 마음을 먹고, 아이들은 천진난만한 척하면서도 뭔가 다른 시도를 해 보려고 한다. 문제는 둘 중 어느 쪽도 스스로 불을 끌 만큼 준비가 되었을 때, 자기들이 충분히 성숙한 사람을 상대하고 있으며 진정 성숙한 어른으로서 적당한 때에 스스로 불을 끌 줄 아는 사람들을 상대하고 있다는 점을 인지하지 않는다는 점이다.

대신에 사실은 더 이상 그렇지 않음을 은연중에 알면서도, 부모는 계속 부모 노릇을 하고, 자녀는 계속 자녀인 척한다.

중요한 점은 수도 생활을 한 문헌에서는 교회의 예언적 차원으로 말하고 또 다른 문헌에서는 자녀를 대하는 부모의 불신 어린 태도로 대할 수 없다는 사실이다. 오히려 교회 내에서 관계를 맺어야 하는 서로 다른 두 역할을 평등한 위치에서 행사함으로써 교회와 수도 생활 모두 다음 단계로 발전하도록 해야 한다.

시노드가 지닌 또 다른 문제는 첫 번째 사안보다 더 금기시하면서 종종 더 인정하지 않는 문제이다. 시노드는 수도 생활이 여전히 생명력 있고, 필요하며, 건강하고 유익하며 영감을 주는 삶의 방식이고, 아직도 성화될 가능성이 있으며, 보편적 선행을 지향한다는 가정을 바탕으로 했다. 그런데 아무도 그러한 질문을 한 적이 없고, 그 결과 아무도 대답하지 않았다. 수도 생활이 지금 어떤 면에서 유익한지를 아무도 묻지 않았다는 뜻이다. 즉 수도 생활이 에너지 · 비전 · 용기를 지니고, 세상에 그것을 주기 위해 현재 진정으로 필요로 하는 것이 무엇인지 아무도 묻지 않았다는 뜻이다. 그렇다, 시노드는 신뢰할 만한 것, 견고하고 예언 가능한 것, 명백하고 확실한 것, 제도적인 것과 신학적인 것들을 꺼내 놓기만 했을 뿐이었다. 시노드는 새 질문을 직시하지 않았고, 교회 역사상 수도자들이 아니었다면 결코 가지 못했을 그곳으로 그들이 다시

한 번 향할 때 새로운 박수갈채를 보내지도 않았다. 수도 생활의 카리스마적 차원보다는 제도적 가치에 더 초점을 맞추고 카리스마적 차원을 풀어놓기 위한 노력은 거의 하지 않았다.

영혼의 문제에 답하기 위해 이러한 형식과 법과 전통과 체제를 사용하는 일은 어제 오늘의 일이 아니다. 하지만 개인적으로는 사막 교부들의 금언집에서 묘사된 것과 같은 접근 방법을 바랐을 것이다.

옛날에 압바 롯이 압바 요셉을 만나러 가서 말했다. "압바, 저는 가능한 한 작은 규칙이라도 지키고 일정 기간 단식을 하며 기도와 묵상을 했습니다. 그러면서 침묵을 지키고 되도록 생각을 맑게 가지려고 했습니다. 그 밖에 무엇을 더 해야 합니까?"

노老수도승은 일어서서 손을 하늘로 뻗었다. 그러자 그의 열 손가락이 열 개의 타오르는 횃불처럼 되었다. 그리고 이렇게 말했다. "완전히 불이 되어야 하지 않겠느냐?"

수도 생활이 바로 지금 필요로 하는 것은 어쩌면 다시 완전히 불로 바뀌는 것일 것이다. 그러면 어떠한 긴장도 문제가 되지 않고 오히려 긴장이 우리 각자가 맨 처음 의도된 존재 이상이 되도록 도와줄 것이다.

3. 석탄을 보존하기

    제2차 바티칸 공의회 이후 30여 년이 지나는 동안, 수도 공동체의 생활 양식과 사회 안에서의 역할은 마비 상태에 이른 것으로 분석된다. 수도자들에게 이런 불확실하고 자극적이며 힘 빠지는 모호한 시기는 고행자의 거친 옷보다 더 거칠고 순응보다 더 힘들며 예식과 수련보다 더 힘든 가장 큰 고행 생활이 되었다. 테네시 윌리엄스가 쓴 희곡 「유리 동물원」에 나오는 톰은 "시간은 두 공간 사이의 가장 긴 거리"라고 말한다. 수도 생활의 쇄신이 생활 양식이 아니라, 하나의 과제라고 생각했던 수도자들에게 있어서 톰의 대사는 엄연한 진리였다. 그 시기는 여러 해에 걸친 변화, 수십 년에 걸친 적응의 시기였고, 불확실함과 모호함, 갈등과 혼돈의 시기였다.

    지금 수도 생활을 시작하려는 이들은 어쩌면 앞으로 수십 년 동안 가장 취약해진 전통에서 수도 생활을 재정립해 나가게 되겠지만, 제2차 바티칸 공의회 때나 그 이전에 입회한 세대에게는 누적

된 세월에 의해 무거워진 체제를 제거하는 것이 우선 과제였다. 틀에 박힌 일상과 변치 않는 관습을 지키면서 봉쇄 생활을 유지해 오던 수도 생활이 갑자기 일종의 사회적 실험장, 조직을 이리저리 손대거나 사회적 개입을 시도하는 연습장이 되어 버렸다. 수도 생활의 쇄신이 고고학 발굴 작업과 같은 성격을 띠었다. 수도 생활 신학, 역사, 제도적 형태, 조직의 추진력, 심리적 효과 등등 여러 층이 차례로 파헤쳐져 수도 생활의 작용과 추진력, 사회적, 정서적, 개인적 파급 효과 등을 종합적으로 드러냈다. 수도 생활의 모든 요소와 그에 대한 추측, 관습과 규칙의 세세한 부분을 오랫동안 신성불가침의 것으로 여겨 왔음에도 불구하고, 대 놓고 의혹의 눈길을 보내기도 하고, 의심의 눈길을 거두려 하지 않았다. 수도 생활에서 엄청난 규모의 사회 정화, 어쩌면 사회 역사상 가장 총체적인 정화가 일어났던 것이다.

  하위문화에 전문가적 관심을 표명하는 대부분의 인류학자들이 빈둥거리며 지내는 동안, 전체 수도 생활 방식이 완전히 바뀌었다. 규모에 있어서 엄청난, 그러나 장기적인 효과 면에서는 거의 눈에 띄지 않는 변화가 수백 년 동안 거의 변화하지 않던 집단의 규범이 되었다. 학문적으로 쇄신에 힘쓰다 보니 그 자체가 또 하나의 생명력을 지니게 되었다. 사실 그것은 많은 사람들에게 공동체 생활 자체의 존재 이유가 되었다. 수도 생활의 목적이 수도 생활을 쇄신하는 것이 되었다. 제도적으로 그런 일이 일어나는 동안 개별 수도자는 점점 더 수도 생활로부터 유리되었다. 쇄신만으로는 회원들이 떠나가는 세태를 막지 못했다. 많은 회원이 퇴회해 결혼했는가 하면, 문화의 과도기 가운데 스트레스가 심하지 않거나 지속적으로 봉사할 수 있는 전문직에 헌신했다. 입회자는 거의 없었다. 남은 자들은 각기 서로 다른 이유와 목적을 가지고 남아 있음을 알게 되었고, 그 상당 부분은 아무리 좋게 봐 줘도 수도 생활을 시작했던 때보다는 희미해져 있었다.

한때 영원히 변치 않을 우월한 삶으로 간주되던 생활 양식에서 건질 만한 무엇이 있을까? 수도 생활이 존재해야 할 강력한 이유가 있을까? 문제는 그것이다. 그런데 오늘날 평신도가 할 수 없어서 수도자가 행하는 일이 있는가? 조직적으로는 효율적이지만 심리적으로는 위태로울 수 있는 독신의 목적, 가난의 덕, 순명의 가치는 무엇인가? 자기 계발과 사회적 지위 등의 인간적 가치는 더 나아질 수 있어도, 신앙을 제외하고는 위로받을 것이 거의 없는 상황에서 왜 낯선 이들과 함께 살려고 하는가? '더 숭고한' 성소, 즉 영원한 생명으로 나아가는 길을 보장받고, 사회적 특권을 누리거나 사람들의 존경을 받으며, 선의 기준이요 순결의 결정체가 되기 때문이 아니라면, 왜 수도 생활을 하는가? 사실이 그러한 것일까?

현재의 수도 생활에는 과거와 미래가 뒤죽박죽 섞여 있다. 지금까지 수도 생활을 가능케 한 것들과 앞으로의 방향이 수도 생활의 당면 의제가 된 것이다. 현재는 과거와 미래 사이의 웅덩이와 같은 형태를 띠게 되었다. 동시에 각 공동체에 소속된 개인에게나 쇄신 작업이 일상생활이 되어 버린 수도자에게 현재는 아무런 특성이나 가치가 없고, 그 자체로 존중할 만한 요소도 없어졌다. 실제로 우리 안에서 우리를 통해 영적인 것이 형성되지 못하고 과거와 미래에 대한 염려로 모두 소진되어 버렸다. 그 결과 점점 더 메마르고 하찮아져 영감도 주지 못하는 그저 생을 연명하는 장소가 되어 버렸다. 생활은 영원히 사라진 과거를 학문적으로 연구하거나 미래 형성에 따른 일련의 전략이 되었다. 영적인 것을 쫓는 사람에게는 모든 것이 중요하지만, 영적 정미소에서 현재라는 곡식만 빠지고 말았다. 현재는 잃어버린 시간이고, 기다리는 시간이며, 힘든 시간이 되었다. 수도 생활의 한 형태는 사라졌고, 모두가 약속한 또 다른 종류의 수도 생활이 언젠가는 도래할 것이었다. 과거에는 어땠는지 모르겠지만, 이제 수도 생활의 본질과 가치, 에너지와 삶의 질에 대해 얘기하는 사람이 거의 없다. 현재의 수도 생활 자체는 가치나 성격, 질, 영적 생활을 거의 상실한 것처럼 보인다.

과거 수도 생활이 교회와 사회에 값진 기여를 했는지에 대한 질문은 시대에 뒤진 것이다. 역사가 분명히 확인해 준다. 과거에 수도회가 예술, 학문, 건축, 사회 발전, 교회 생활 등의 발전과 보존에 기여한 점은 헤아릴 수 없을 정도이다. 사실 우리는 영웅적인 선조들을 발판으로 삼아 서 있는 것이다. 창설자들은 자신의 비전을 위해, 심지어 교회마저 거슬러, 교회와 국가가 그들을 복된 이들로 인정하기에 이르렀다. 수도 공동체들은 제국과 같은 사회봉사 시설을 세웠다. 각 수도회의 개별 회원은 세세 대대로 탁월한 시민이었다. 그러므로 이 시점에서 수도 생활의 과거 가치를 묻는 것은 불필요하다.

한편 오늘날 수도 생활에 대한 질문은 앞으로 수도 생활이 어떠한 형태를 띨 것인가 하는 질문 이상의 것이 되어야 한다. 솔직히 누가 신경 쓰겠는가? 미래가 있는 방식으로 우리가 살고 생각해야 한다는 사실과 지금 여기가 아니라 먼 장래를 살기 위해서 힘을 부여해 주는 현재를 의식하지 않아야 한다는 것은 완전히 다르다. 미래를 준비하는 것과, 현재의 힘과 목적을 상실하거나 망각하고 보류하는 것은 완전히 다르다. 역사적 관점에서 볼 때 이러한 때에 수도자는 지금의 수도 생활은 어떠한 가치가 있는지, 제대로 가고 있는지, 현재 살아갈 가치가 있는지, 성화를 향해 가고 있는지, 현재의 삶이 아름다운지 등을 파악해야 한다.

현재의 가치에 대한 질문은 과거에 좋았는지, 미래가 가능한지를 묻는 질문보다 훨씬 더 어려운 질문이다. 문제는 현재에 목적이 있는가 하는 점이다. 또 그 목적은 무엇인가? 수도 생활이 되살아날 수 있는가? 수도 생활이 되살아나야 하는가? 이 잿더미 속에 불씨가 남아 있기는 한가?

그리스혹

아일랜드 사람들이 쓰는 말에 잿더미 속의 불을 뜻하는 단어가 있다. 게일어로 '그리스혹Grieshog'이다. 이는 다음 날 추운 아침에 사용할 불을 보존하기 위해 밤에 잿더미 속에 따듯한 석탄을 묻어 두는 과정이다. 식어 버린 화덕을 치우는 대신, 사람들은 다음 날 새 불을 빨리 붙이기 위해 그 전날 빨갛게 타오른 석탄을 밤새 잿더미 속에 보존했다. 그 과정은 매우 중요하다. 만약 석탄이 꺼지면 아침에 불을 다시 지펴야 하는데, 이는 귀한 시간이 걸릴 뿐 아니라 새날의 보다 중요한 일들을 지연시키게 된다. 그러므로 하루를 마칠 때 그날의 불이 완전히 꺼지지 않도록 특별히 신경을 썼다. 그리고 길고 어두운 밤 내내 잿더미 아래 묻힌 석탄을 조심스럽게 다루었다. 그래야만 불이 첫새벽에 다시 타오를 수 있기 때문이다. 본래의 불은 꺼지지 않고 잘 보존되어 새 불을 지필 준비에 쓰인다.

　이처럼 목적을 보존하는 일은 어둠 속에서 에너지와 온기와 빛을 보존하는 거룩한 과정이다. 삶에서 죽음이나 끝, 상실 또한 한 상태에서 다른 상태로 변화되는 것이다. 그런 의미에서 '그리스혹'으로 이해할 수 있으리라. 새 회원이든 기존 회원이든 모두의 책임은 단지 죽는 날까지 수도자로 살아, 수도 생활이 우리 자신들보다 더 오래 지속되도록 하는 것일지도 모른다.

　보르헤스Jorge Luis Borges는 이렇게 썼다. "시간은 나의 창조가 비롯된 실체이다. 시간은 나를 운반하는 강이지만 내가 그 강이며, 시간은 나를 삼켜 버리는 호랑이지만, 내가 그 호랑이고, 시간은 나를 태우는 불이지만, 내가 그 불이다."(Labyrinths: A New Refutation of Time, 1964) 다시 말해, 나는 되어야 할 바로 그 존재인 것이다. 주변에서 일어나는 일은 지금 내 안에서도 일어나고 있으며 앞으로 나 때문에 일어나기도 하고 일어나지 않기도 할 것이다. 나는 미래의 매체이며 동시에 실체이다. 지금 내가 존재하므로 수도 생활도 미래에 존재할 것이다. 미래는 내 안에 있기 때문에 나 없이 미래는 없다.

　사람은 사고를 통해 영혼의 중심에 침잠한다. 수도 생활이 수도자 안에서 아직 죽지 않았다면, 미래에도 죽지 않을 것이다. 오늘 살아 있는 모든 수도자가 수도 생활을 지켜 나르는 사람이다. 우리 각자가 수도 생활의 생명이다. 나 자신이 어떠한 모습이든 현재 수도 생활의 모습이다. 사람들이 수도 생활의 상태에 대해 물을 때 그것은 나에게 묻고 있는 것이다. 미래의 수도 생활은 어떠할까? 답은 쉽다. 앞으로 다가올 수도 생활을 가늠하기 위해 수도자가 할 일은 자신을 비춰 주는 물웅덩이를 자세히 들여다보는 일뿐이다. 거기에 눈에서 반짝이며 뿜어 나오는 마음의 에너지가 있는가? 그곳에 열광적이고 억누르기 힘든 복음에 대한 힘찬 투신이 있는가? 불타오르는 영적 생활이 있는가? 모험이 있는가? 지칠 줄 모르는 투신, 식지 않는 열정, 스스로의 신원과 일치하는 존재가 되기 위한 투명한 결단이 있는가? 아니면 과거의 열정이 무뎌졌는가? 현재 단순히 하루하루를 견디며 습관적으로 살고 있는가? 아니면 더 많은 수련을 요구하며 나를 통해 그 어느 때보다 더 많은 생명을 부여하는 수도 생활의 완전히 새로운 지평에 서 있는가?

지나친 포기

현재 수도 생활이 힘들다면 지나치게 소멸 쪽으로 치우쳐 포기한 채, 석탄을 보존해 불을 지피는 의미가 무엇인지 거의 모르기 때문일 수도 있다. 아랑곳하지 않는 대범함이 있어야 할 곳에 체념이 진을 치고 있는 것이다.

보편적으로 수도 생활이 죽었다고 생각한다. 많은 사람들이 그런 생각을 기정사실화하거나 도중에 잘못된 일인 것처럼 대한다. 이럴 때면 우리의 가장 숭고한 열망을 이전에 지녔던 확신과 깊이 안에서 충만히 살기보다는 그냥 살아가려는 의향으로 삼는 것이 유혹으로 다가온다. 그리고 영적인 불을 찾아왔지만 곧 소멸될 것이라는 예언의 무게에 기가 꺾이는 새 입회자들(거의 없지만 간혹 찾아오는 용감한 이들)에게는 어떤 영향을 주고 있는가? 불을 찾아서 왔건만, 불길이 식어 가도록 버려두는 것을 발견한 사람들을 위해 불을 보살피는 자들이 져야 할 책임은 무엇인가? 성소가 줄어드는 것, 눈에 띄게 높이 타오르는 불길이 점점 줄어드는 것이 문제일까?

변화의 문제는 사실 아노미 현상 앞에서 그 의미가 무색해진다. 수도 생활이 실패한다면 수도 생활이 변해서가 아니다. 역사적으로 이 시대의 수도자들이 현재의 영성에 대한 감각을 잃고 과거나 미래에 영혼을 팔았기 때문일 것이다. 다시 말해 우리(개인 또는 공동체) 스스로 현재의 가치와 힘, 도전과 의미, 존엄성에 대한 감각을 상실했기 때문일 것이다.

한편, 성경은 완전히 정반대인 모델을 제시한다. 야곱은 원치도 않는 신부 레아를 얻느라 7년 동안 일한다. 그리고 나서 자기 앞에 놓인 삶의 비전에 따라 처음부터 원하던, 그러나 나중에서야 허락된 신부 라헬을 얻기 위해 7년을 더 일한다. 각각의 경우, 야곱은 똑같이 열심히 열성을 다해 주의 깊게 일한다. 어느 경우든지 일은 똑같이 중요한 것이다. 두 상황의 경우가 다름에도 불구하고 야곱은 인색하게 굴거나 그만두거나 마음을 덜 기울이지 않았다. 야곱은 분명히 현대 수도 생활의 수호 성인이다.

  야곱은 시간이 변해도 처음의 정신을 항구히 간직해야 함을 가르쳐 준다. 우리 생각과 달리, 자기 인생의 계획을 뒤집는 일일지라도 결코 삶에 있어서는 장애가 되지 않음을 보여 주고 있다. 또한 자기 삶에서 어떤 위치에 서 있든지 그 가치를 제대로 인식하기는 어렵다는 것을 이해하게 된다. 인생의 계획을 뒤집는 것이 마음을 더 높은 곳으로 향하도록 조율해 본래의 목소리, 영혼을 움직인 처음 소리에 귀 기울이게 해 준다는 사실을 야곱을 통해서 깨닫게 된다. 그 순간 영혼과 하느님 사이에 있던 모든 것이 떨어져 나가 삶은 인내의 시험장이 아니라 반짝이는 무도장이 되어 우리 영혼은 춤을 추게 된다. 무엇보다도 수도 생활을 위협하는 것은 변화가 아니라는 것을 우리는 여기서 알 수 있다. 인색함이야말로 오히려 영혼의 생기를 앗아가고, 삶에서 활기를 없애 버린다. 우리를 빈 껍데기로 만들고 시들어 먼지가 되게 한다. 약속을 온전히 이행하지 않기보다는 차라리 어기는 편이 낫다. 일단 불이 꺼지고 석탄이 식고 영혼을 지피는 불이 사그라지기 시작하면 우리 가슴속에 간직하던 불꽃을 죽이는 것은 추위가 아니다. 낙담과 혼동을 가져와 온몸에서 힘이 빠지게 하고 영혼을 질식시킬 듯한 연기가 되어 버린, 다시 불꽃을 피워 낼 수 없다는 무기력함이다.

지금은 수도 생활의 죽음의 시기가 아니다. 오히려 수도 생활에 있어서 중요한 시기이자, 위대한 탄생을 준비하는 시기이며, 완전한 포기와 참여가 동시에 이루어져야 할 시기이다. 이 세대의 수도자가 다음 세대의 탄생을 결정하게 된다. 다음 세대가 태어나지 못할 수도, 명석하고 개방된 영혼으로 태어날 수도 있는 것이다.

현재 수도 생활에서 일어나는 일들이 미래 수도 생활의 우수성과 거룩한 끈기, 정신의 깊이를 재는 척도가 될 것이다. 그리고 이는 거룩한 끈기와 불굴의 열정을 불어넣어 젊은이들에게 불가능을 가능케 하고 기성세대에게는 기꺼이 다시 시작하도록 해 준다.

영적 혼란

현재 수도 생활이 처한 실제 비극은 이 삶이 혼란 속에 있다는 점이 아니다. 수도 생활이 영적 혼란을 겪고 있다는 점이 비극이다. 수도 생활이 가장 활기 있어 보였을 때(마치 수도자를 기계로 찍어 내듯 엄청난 수도자를 양산하고 수도회마다 회원 수가 수천에 달하던 절정기)야말로 실제로는 수도 생활이 죽어 있는 상태였다. 그러나 모두 그것을 알지 못했다. 바로 그때 질문은 사라졌고, 생각은 굳어 버렸다. 개인의 영적 발전 또한 양식과 훈련과 공식으로 축소되었다. 규칙 생활이 영성 생활을 대신하게 되었다.

　반면, 수도 생활 스스로도 죽었다고 말하는 지금, 수도 생활은 지난 어느 때보다 더 활발하게 살아 숨 쉬고 있는지도 모른다. 수십 년 만에, 어쩌면 수 세기 만에 처음으로 수도 생활은 새로운 에너지로 고동치며 시대의 가장 큰 질문들 속에 젖어 들고 있다. 확실히 세상이 이해하고자 기다리는 여러 가지 질문을 먼저 물어볼 사람은 하느님께 대한 강한 열정을 지닌, 교회의 수도자이다. 수도자들은 이렇게 질문한다. 마법 같은 것으로 장난치며 과학의 사주를 받아 신비에 저항하도록 예방 접종된 세상에 하느님은 어디에 계신가? 물질적인 것과 영적인 것을 연결하는 동시에 영적인 것을 물질적인 것으로 만드는 것은 무엇인가? 무엇이 교회를 구성하는가? 무엇이 남녀의 성에 대한 억압적인 주장에 도전하는가? 무엇이 시대를 결정하는가? 무엇이 죽음을 규정하는가? 삶을 측정하는 것은 무엇인가? 무엇이 참이고 무엇이 참이 아닌가? 뚜렷한 목적 없이 무엇이 한 시대의 영적 목적을 구성하는가? 이러한 질문이 중요하지만 석탄은 줄고 재도 식어 가는 때에 수도 생활 자체는 무엇이며, 그 기저에 자리 잡고 있는 영성은 무엇인가?

오늘날 수도 생활의 영성은 십자가도, 부활도 아닌, 성토요일의 영성이다. 즉 혼란과 당혹스러움의 영성, 무기력과 무능함의 영성, 어둠 속에서 힘을 발휘하는 신앙과 희망의 영성이다. 계속 나아가는 것이 무익해 보일 때 계속 나아가는 영성이다.

과거는 지나갔고 현재는 불분명하기 때문에 그만둘 때가 아니나. 지금은 그 여정이 어떻게 전개될지 모른다는 이유로 시작도 하지 않는, 그런 시기가 아니다. 사실 과거의 수도자들이 평생을 투신했던 것이 이제 통용되면서 그 권리를 요구하고, 그 의미를 드러내기 시작하는지도 모른다. 새 젊은 수도자들이 옛 세대의 토양에 다음 역사의 순간을 창조하는 지금의 노력 또한 앞으로 다가올 미래에 현실화될 것이다. 그래도 괜찮다. 수도 생활에 기본이 되는 서약은 수도자들이 행하는 일과 거의, 또는 아무런 관계가 없다. 서약은 수도자가 왜 그 일을 행하는가에 관한 것이기 때문이다.

다산(생산성)의 영성은 끝났다. 수도자는 자신들이 운영하는 병원이 아무리 좋다 해도 그것 때문에 자기 삶을 내어 주지는 않는다. 또 그들은 끊임없이 활동하는 이들을 대신해 더 많은 기도를 하고자 자신들의 삶을 제한하지도 않는다. 수도자는 있어도 그만, 없어도 그만인 노동력을 제공하기 위해 존재하지 않는다. 한때는 사회적으로 혁신적이던 교육, 의료, 사회봉사에 대한 관심이 이제는 보편화되어 버렸기에 그런 일로 수도 생활을 정당화하거나 앞으로 나아가게 할 수는 없게 되었다. 오늘날 수도 생활의 추진력은 창조의 영성이다. 그리고 그처럼 어려운 문제가 신비 저편에서 우리를 부르시는 하느님께 대한 충실성의 표지이자 신앙의 행위로써 이해될 날이 밝아 오기를 기다리지만, 너무나 많은 이들의 어둠 속에서 희망은 사라지고 재 속의 불씨는 꺼져 간다.

성경은 봉사와 변화의 분명한 모델, 과거의 확실성과 새로운 도전 사이의 간극을 메울 수 있는 것이라곤 투신밖에 없는, 새로운 봉사와 변화의 분명한 모델을 규정한다. 창세기에서 야곱은 한 가지를 성취하려고 나섰으나 전혀 새롭고 다른 과제에 직면했다. 그는 라헬을 위해 자기 생명을 내놓았으나 대신 레아를 얻는다. 그것은 단순히 야곱의 개인적 불행이나 삶의 도전, 시련의 순간이 아니다. 만물에 대한 하느님의 계획 안에서 선택된 백성 전체를 위해 전혀 새로운 세상이라는 씨를 뿌린 개인의 신앙 행위였다. 오늘날 역시 마찬가지이다. 기존의 수도자들은 '이것'에서 시작했지만 '다른 것'이 되어 버리는 삶의 의미를 잘 알고, 젊은 세대의 수도자들은 처음 정신으로 다시 시작하는 부담이 어떠한 것인지를 잘 안다. 중요한 것은 이 두 삶의 과제 사이의 관계를 절대로 잊지 않고, 오해하지 말아야 한다는 점이다. 야곱은 약속을 했고 두 차원을 모두 거치면서 약속을 지켰다.

삶의 꿈인 라헬과 결혼할 권리를 얻었을 때 야곱은 자신이 대충 이해하던 투쟁과 도전의 개념을 훨씬 넘어서는 투쟁을 하고 도전도 받았다. 야곱은 또 하나의 삶을 얻었다.

현대의 수도 생활 또한 두 가지 삶을 살아왔다. 첫 번째는 성실하고 표준이 되는 삶, 분명한 규칙과 확실한 보상이 있는, 선하고 개인적인 덕행을 실천하는 삶이다. 반면, 두 번째 삶은 거칠고 불분명하고, 꿈에도 생각지 못한 일이다. 그것은 젊은이와 노년의 수도자 모두가 다시 시작할 것을 요청하며 교회와 가톨릭 단체, 개인의 구원을 위한 노력을 넘어선다. 이 시대의 수도 생활은 세상 전체에 대해 의미를 지닌다.

레아를 위해 일한 야곱처럼 지금 우리는 다시 시작해야 한다. 처음 품었던 목적을 성취해야 할 때이다. 프랑스에 이런 속담이 있다. "모든 것은 지나가고, 모든 것은 사라지며, 모든 것은 시들해진다." 무엇인가를 떠나보낸다는 것은 상실이 아니라, 또 다른 무엇을 향해 계속 나아감을 표시한다. 야곱처럼 처음 마음먹었던 목적을 향해, 그것을 성취하고자 출발해야 한다는 표시일 뿐이다. 그렇게 함으로써 석탄은 보존된다.

4. 높은 산으로 향하는 길에

여러 가지 이유가 있겠지만, 언제부턴가 수도 생활의 유일한 목적은 한마음으로 하느님을 찾는 것이라는 응답이 유행에 뒤진 것이 되어 버렸다. 사도직, 공적 증거, 공동체의 필요 등이 더 나은 답인 듯 나와 세속적이고 기술적인 세계의 합리주의에 부응했다. 물론 오래가지는 못했다. 선한 일과 도덕적 관심과 올바른 정신에 기초한 인간의 관계는 서원한 수도자만의 책임이 아니라 그리스도 공동체 전체의 책임이다. 그래서 수도 생활을 이해하기 위해 그런 개념만 끌어오는 것은 완전히는 아니지만 다소 정도를 벗어난 느낌을 준다. 많은 사람들이 가진 사회적 관심만으로 공동 생활의 양식을 바꾸는 것을 정당화하기에는 충분치 않다. 모든 단체들이 선한 일에 헌신하고, 그 대부분은 평신도에 의해 조직되며 종교와 관련도 없다. 수도자는 굳이 그런 일에 지원할 필요가 없다. 그런 의미에서는 수도 생활의 필요나 근거를 말할 수 없다.

처음 내가 수녀원에 입회할 당시의 수도원장 마더 실베스테르는 해마다 두 차례 수련소를 방문했다. 그때마다 그녀는 오로지 한 가지만 물었고, 인내심을 가지고 명확한 가르침을 주었다. 첫 방문에서 으레 행하는 시험에 대부분의 수련자들이 통과하지 못한다는 사실을 너그럽게 받아들였다. 하지만 두 번째 방문에서도 제대로 답하지 못하면 그냥 넘어가지 않았다. "왜 수도 생활을 하러 왔습니까?" 수녀님은 스카풀라 아래에 팔을 넣은 채 고개를 약간 기울여 안경 너머로 테이블 주위에 둘러선 우리를 한 명씩 찬찬히 주시하며 질문을 던졌다. 수련자들은 언뜻 멋져 보이는 답변들을 생각해 냈다. 신심 깊은 수련자는 "우리의 삶을 교회에 내주기 위하여"라고 말했고, 신중한 수련자는 "우리 영혼을 구하기 위하여"라고 했고, 열심한 수련자는 "세상을 회심시키기 위하여"라고 대답했다. 하지만 수녀님은 매번 고개를 내저었다. 아니야. 아니지. 아니라고. 그리고는 딱하다는 듯이 말했다. "수녀님들, 여러분은 오직 하느님을 찾기 위해 수도 생활을 하러 온 것입니다."

"오직 하느님만을 찾기 위해서." 이 대답의 단순성은 놀랍기 그지없다. 그 편재성ubiquitousness이나 보편성universality, 요구하는 바에 있어서도 놀랍다. 그 대답이 지닌 엄청난 진리는 모든 것을 바꿔 버린다. 여기서 하느님을 발견하지 못하는 사람에게는 이곳에 머무는 것이 잘못이다. 이곳에서 하느님을 찾지 못하는 사람은 당연히 이곳을 떠나야 한다. 이곳이 아닌 더 나은 어딘가에서 하느님을 발견할 수 있는 사람은 이곳을 떠나는 것이 은총이다.

단순하지만 언제나 적용되는 대답이었다. 더 중요한 점은 그 대답이 입증되었다는 사실이다. 수도 생활이 터무니없이 엄격했을 때에도 '하느님 추구'는 계속되었다. 일하는 시간과 공동 기도 시간이 같아서 몸이 무감각해질 정도가 되었을 때에도 '하느님 추구'는 계속되었다. 인간적 교제와 위안이 없었기에 인간의 유한한 기쁨과 건강한 표현 수단 대부분을 누릴 수 없게 되었을 때에도 '하느님 추구'는 계속되었다. 그 대답이 단순하고 비타협적인 듯 보일지 모르지만, 오늘날까지도 그 이상의 답은 찾을 수 없다. 어떤 면에서는 오늘날 더욱더 정답이다. 불변할 것 같던 모든 토대가 바뀌어 버린 이 세대는 그동안 소수만이 알고 있던 이 답이 지닌 진리를 알아야 한다. 절대적인 것이 우리의 기대를 저버리고, 사도직이 위태로워지고, 새로운 사고나 혼란을 불러일으키는 질문으로 인해 교회마저도 멀고 불편한 장소로 느껴질 때 오직 하느님만 찾는다는 것은 삶에서 새로운 힘을 갖게 한다.

체제의 몰락을 겪은 이 세대의 수도자들에게 가장 큰 위안은, 평생에 걸친 어둠을 통과해 앞으로 닥칠 더 짙은 어둠을 향해 계속해서 나아갈 유일한 이유가 바로 끊임없이 펼쳐지는 하느님의 신비라는 것이다. 온 세상이 웃으면서 우리에게 "즐겨라!" "왜?" "말도 안 돼!"라고 소리칠 때 실패가 불을 보듯 뻔해서 내키지 않는 포기를 해야 할 때, 제도의 죽음을 예견하지만 어쩌지 못하는 그 때가 바로 불확실성이 통찰로 바뀌는 때이다. "하느님을 추구하기 위해서"라는 이유야말로 수도회에 입회하는 최고의 이유이다.

인간의 보편적인 추구

하느님 추구는 인간의 보편적인 추구이다. 이는 모든 문화에 공통적이며 인간의 근본 과제이다. 하느님 추구는 모든 인간 계획의 공통분모이다. 모든 인간에게 공통된 필수적 시도이며, 모든 인간 노력의 중심이자 활동의 궁극 목표이다. 게다가 하느님 추구는 수도 생활을 이해하게 해 주는 유일한 이유이다. 수도 생활은 단지 또 하나의 생활 양식이 아니다. 수도 생활은 하느님을 향한 인간 탐구를 계속하고자 의도적으로 조직된 생활 양식이다.

수도자에게 있어서 하느님 안에 잠김은 그 밖의 다른 그럴듯하고 가치 있어 보이는 삶의 결정적인 동기(사랑이나 돈, 자녀, 개인적 성공 등)를 우리 가운데 계시는 신비이신 분을 추구하는 삶보다 부차적인 것으로 여기게 하는 단 하나의 완전하고 확실한 이유이다. 즉 하느님 안에 잠김보다 더 대단한 것은 없다. 그것은 매일을 살아가게 하는 질문이자 어떤 상실이나 변화, 노력도 수용할 수 있게 하는 갈망이다.

그러나 자주 우리는 수도 생활에 대한 다른 해석들에 더 강하게 끌리곤 한다. 물론 모두 어느 정도는 가치 있고 진실한 해석들이다. 가령 '의미 있게 살고자' 노력했고 '육화되고자' 나섰다. '가난한 이들을 위한 선택'에 끊임없이 투신했고 '구조의 변혁'에 헌신했다. 지쳐 쓰러질 때까지 복음화하고 쇄신하며 교정하고 개혁했다. 그 모든 투신이 좋은 일이고, 필요하고 거룩하고 주목할 만한 가치를 지녔으며 근본적이고 마땅한 것이다. 그러나 이러한 투신을 통해 수도 생활을 지탱하고 육성하며 정당화할 수 있는 것은 단 한 가지다. 곧 수도자는 항상 무엇보다 먼저 영원히 어떠한 상황에서나 오직 하느님만을 추구하고, 모든 혼동과 불확실성 속에서 오직 하느님만 바라보며, 어떤 상황이든 오직 하느님만을 말하는 사람이 되어야 한다는 것이다.

수도 생활이 그 불씨를 안전하게 지키고 어떠한 종류든 앞으로 다가올 수도 생활을 위해 불꽃을 피워 내려면 강조 대상을 바꾸어야 한다. 일 자체가 아니라, 그 일을 하는 이유와 수도자로서 마땅히 되어야 할 존재로 초점을 바꾸어야 한다. 하느님을 추구하는 자인 수도자는 한밤중의 등불처럼 존재한다. 사람들이 어떤 일의 참되고 유일한 이유와 행하는 바의 최종 척도를 기억하고 절대 잊지 않도록 해 주어야 한다. 수도자는 세상에서의 자신의 자리가 힘들어도, 좋아도, 필요하든 안 하든, 그 작고 사적인 세계에서 행하듯이 하느님의 일도 의식해서 주의를 기울여야 한다. 그렇게 하지 않는다면, 수도 생활은 우리의 바람처럼 하느님의 마음과 인간의 마음이 만나는 관상의 중심지가 되기보다는 과거로부터 이어져 온 또 다른 사회 제도에 불과하게 된다.

지난 25년 동안 수도자는 쇄신의 못자리로서 복음과 세상을 하나로 모아 모두가 볼 수 있도록 중추 역할을 하기보다 '베네딕토 회원', '자비회 회원', '프란치스코 회원', '우술라 회원'이 되는 데, 그리고 그것을 유지하는 특정 역사를 지닌 특정 집단이 되는 데 지나친 관심을 기울여 왔다고 할 수 있다. 확실히 복음적 집단, 관상하는 사람, 숙고(성찰)의 센터, 마음이 부서지거나 영혼의 안식처를 잃은 이들을 위한 피난처가 되어야 한다는 사실보다 쇄신된 수도 공동체가 되는 것에 더 많은 관심을 기울여 왔다. 예수님의 사람이 되기보다 교회의 사람이 되며 교회법적으로 올바르고 규정을 따르는 일에 너무 많은 관심을 쏟아 왔다. 우리 안에서 카리스마를 되살리기보다 정의하는 데 지나친 관심을 기울이는 위험을 저질렀다.

바로 거기에 문제가 있다. 진정 수도 생활을 시작하면서 바랐던 모습이 되고, 영적 추구 없이는 어떠한 생명도 가치가 없기에 현대 세계에서 위대한 영적 추구에 참여하고, 계속해서 영적 추구를 이야기하는 자가 되어야 함을 깊이 알고 있으면서도, 우리는 내내 그 밖의 다른 것에 집중하고 다른 종류에 대해 얘기해 온 것이다.

우리가 하는 일이 우리로 하여금 수도자가 되게 하는 것은 아니다. 의심의 눈길을 던지는 온 세상에 진정성의 종을 울리는 것이 우리가 살고 행하는 이유와 방식이다. 아무리 선의라 할지라도 분명한 우선순위나 여러 활동을 구분해 주는 운영 원칙이 없다면, 그리고 정의에 무관심하고 억압적인 제도의 개혁보다는 유지시키는 자선에만 관심을 기울인다면, 하느님을 위해 가난한 이들에게 진정으로 열려 있지 않은 무리라면 세상은 원하지 않는다. 수도자가 하는 일은 하느님과 그 나라를 추구할 때 참으로 수도자다운 것이 된다. 그 외에는 선의라도 쓸모가 없고, 겸손할지라도 예언적일 수 없다. 하느님 마음 안에 잠김이 본질적인 수도자의 활동이다. 그렇게 할 때 다른 모든 것은 자연스럽게 이루어진다.

아브라함이 우르를 떠났을 때 떠남을 통해 하느님을 발견했다. 중요한 점은 아브라함이 하느님을 향해 나아갔다는 것이다. 하느님 목소리에 온 마음을 모았기 때문에 그렇지 않았다면 힘들었을 상황을 이겨 냈다. 아브라함의 여정은 실패의 연속이었다. 길은 반복해서 뒤틀리고 바뀌었고, 상황은 계속 위협적이었으며, 여러 세력이 계속해서 방해하고, 재산도 거듭 잃게 되었다. 하지만 아브라함은 거기에 굴하지 않고 실패나 변화, 비난과 후회의 상황에서 물러서지 않았다. 아브라함은 하느님께 말씀을 드리고 하느님은 아브라함에게 말을 건네셨기에 오직 하느님의 목소리만이 의미와 성공의 척도였다.

하느님의 목소리가 생생하게 살아 있도록

 이 시대 수도 생활이 다음 세대를 위해 불씨를 보존하고자 한다면, 수도 공동체가 하는 일이나 수도회의 구조, 심지어 교회가 정의하는 수도 생활에 어떠한 일이 일어나더라도 하느님의 목소리를 생생하게 살아 있도록 해야 한다.
 그러나 우리 자신을 속일 수는 없다. 영적 추구는 영적 추구이다. 영적 추구에 대해 말한다고 영적 추구가 이루어지는 것은 아니다. 우리가 하는 복음적 일 때문에 복음에 잠길 시간을 내지 못한다면 스스로 신이 되고 우리가 하는 일을 목적으로 삼은 셈이 된다. 그렇게 되면 겉으로는 그렇지 않다 하더라도 내면으로는 확실하게 실패할 것이다. 아무리 동기가 훌륭하고 전문 소양을 배양하며 장한 일에 종사한다 하더라도 영적 생활에 관심을 두지 않는 수도자는 영적 생활을 하지 않는 것이다. 영적 생활에 투신하지 않으면 미래를 위해 묻어 놓을 석탄도, 붙일 불도 없다. 다가올 세대를 위한 불씨도 남지 않게 된다.

　물론 인간 조건의 두 요소, 물질적인 것과 영적인 것이 참으로 하나로 생활 속에 어우러져 있는지를 확인해야 한다. 생활이 일사불란하게 구분 지어져 있을 때에만 질서 정연하게 살 수 있는가? 하느님을 추구하면서 동시에 삶을 추구하는 것이 그토록 정반대인가? 물론 제도적 율법주의는 그렇다고 주장한다. 오랫동안 교회는 영적 생활마저 여러 유형에 차별을 두는 것으로 바꾸어 버린 이원론으로 두 요소 사이에, 특별히 여성에 대해 싸움을 붙여 왔다. 일부는 교회법에서 일컫는 '활동 생활'에 치중하면서 기도했고, 일부는 봉쇄 공동체에 치중해 하느님을 관상하면서 피조물의 일은 잊어버렸다. 교회가 규정하는 메시지는 분명했다. 활동 생활은 사람들의 삶과 요구에 개입하는 대신 '영적'이라기보다 '물질적'이라서 뭔가 부족하고 영웅적이지 않은 방법으로 하느님께 나아가는 길이었다. 그러한 우주관이 내린 결론에 따르면, 사도적 수도 생활의 거룩함이란 봉쇄 생활의 거룩함에 미치지 못한다. 마치 하느님이 만든 세상을 두루 다니는 것 자체가 영적 생활에 위협이 되는 것처럼. 한편, '세상'과 분리된 봉쇄 생활은 높은 덕의 생활로서(천상의 승인을 받아 그렇게 믿도록 인도된), 마치 피조물과 단절되어 살려고 노력하는 것이 삶을 거룩하게 하는 것인 양 간주되었다. 참으로 안타까운 구분이었다. 또한 잘못된 구분이기도 하다. 그로 말미암은 해악이 어떠한 형태로든 수도 생활 속에서 뚜렷해지기 시작했다.

우리는 '활동'과 '관상' 생활이 마치 상반되고 긴장 관계에 있는 듯 말한다. 사실 상반되는 범주는 '활동 생활'과 '봉쇄 생활'이다. 관상은 양쪽 생활 모두의 기본이다. 다시 말해 '봉쇄'와 '관상'이라는 용어는 동의어가 아니다. 하느님이 보시듯 보는 것인 관상은 우리 모두에게 요청된다. 어떤 이에게는 봉쇄가 관상에 이르는 도구가 되는가 하면, 어떤 이는 가난한 사람들의 얼굴에서 하느님을 발견한다. 두 경우 모두 관상은 모든 일의 시작이자 마침이다.

그런데 영적 세계를 단순히 비봉쇄 혹은 봉쇄로 규정하는 대신에 '활동' 수도자와 '관상' 수도자로 구분하는 바람에 예수님의 본성과 삶을 간과하게 되었다. 예수님은 갈릴래아의 먼지 나는 길을 걷고, 정결하지 않은 이들을 치유하며, 걸인들에 둘러싸여 지냈다. 또 밀어닥치는 군중과 바리사이들의 질문, 어린이들의 필요와 가난한 이들의 부르짖음에 응하느라 기진맥진했다. 그 예수님이 관상적이지 않고, 하느님 안에 잠겨 있지 않으며, 모든 것 안에서 하느님을 보지 못하고, 하느님처럼 세상을 보지 못했다는 말인가? 어디서부터 영적 생활에 대한 이해가 잘못되었고, 현재의 수도 생활에서 영적 생활은 어떤 의미를 지니는가?

수도 생활은 영적 추구, 즉 시간 속에서 하느님을 추구하고 하느님 나라의 건설과 사람들 가운데 현존하시는 하느님께 주의를 기울임으로써 나아가며, 아무리 값진 삶의 목적이라 해도 그러한 목적을 정화하게 된다. 영적 추구는 바로 여기, 이 사람들, 이 모험 안에서 하느님 현존을 느끼려는 열망 외에는 무엇과도 타협하지 않는다.

우리의 영적 추구는 늘 삶이 제공하는 것 이상을 요구한다. 영적 추구에 열중하는 사람은 결코 실패를 모르기에 성공을 기대하지 않고, 결코 성공을 모르기에 실패에 굴하지도 않는다. 우리가 하는 일 안에서 하느님을 발견하는 것이 성공의 척도가 되고, 어디를 가든 하느님과 함께 가면 절대 실패란 없다.

영적 추구에 철저히 투신함은 현재 우리의 처지를 넘어 하느님 마음에 더 가 닿도록 이끄는 손짓에 거듭 응답함을 뜻한다. 영적 추구는 살아가는 동안 익숙한 사도직과 사람들과 장소에 집착하는 대신, 오직 하느님만 새로움과 설렘으로 우리와 세상 안으로 들어오게 한다. 현재에 안주하면 영적 추구는 우리 안에서 소멸하고 만다. 영적 추구는, 우리를 둘러싼 물질적 삶이 주는 생명을 성장시키는 은총 안에서 철저히 영적 생활을 살아 낼 때의 만족함을 뜻한다. 영적 추구는 삶을 회피하지 않는다. 영적 추구는 모든 것 안에서, 모든 곳에서 하느님을 추구하며 각 단계가 거룩하게 성취될 때까지 계속된다. 영적 추구는 하느님 계신 곳으로 우리를 초대한다. 하느님이 계시지 않는 곳이 있다면 그 순간에 없는 것에 대한 비전을 그 상황으로 가져가야 한다. 물론 그렇게 하려면 먼저 하느님의 영에 잠겨야 하고, 그 영 안에서 살아 있어야 하며 해야 할 일보다는 영에 주파수를 맞추어야 한다.

문제 발생의 표징

수도 생활에서 뭔가 잘못되었다는 첫 번째 표징은 추구 자체, 또는 추구하는 과정에서 현재의 요청보다 어떤 일이 더 중요해질 때이다. 가르치는 일, 치유하는 일, 사목하는 일, 수도자로서 존재하는 일까지도 하느님을 찾는 것만큼 중요하지는 않다. 어디서 무엇을 하든, 우리는 하느님의 더 큰 뜻을 염두에 두어야 한다. 그것이야말로 수도자와 일반 사회사업가의 차이다. 사회사업가는 필요하고 가치 있는 일을 한다. 수도자는 온전히 그리스도의 팔이 되고 하느님의 마음에 빠져, 자신이 추구하는 대상, 즉 자비로운 분, 사랑이신 분, 진리를 말씀하시는 분, "너도 가서 그렇게 하라."고 말씀하시는 분이 되는 것 외에는 그 어떤 것에도 만족하지 못한다. 요컨대 아무리 좋고 필요하다 해도 수도자를 사로잡는 것은 특정 일이 아니다. 수도자의 삶을 재촉하는 것은 가슴에 품은 하느님이다. 그리고 기도와 사람들 가운데, 하느님 나라로 본질적 변화를 꾀하는 세상에서 발견하는 하느님이다.

그러므로 하느님을 추구하면 활동하도록 재촉된다. 하느님 추구와 하느님의 일을 분리하면 영적 추구와는 점점 더 멀어지기만 할 뿐이다. 물론 그 둘 사이의 미묘한 균형을 유지하는 것이 비결이다. 20세기의 수도 생활은 양극단으로부터 고충을 겪어 왔다. 외적 한계까지 나아간 종교 이원론에서는 한편으로는 기도가 충분하다고, 또 다른 한편으로는 일이 충분하다고 말한다. 우리가 산 세대는 두 가지를 다 말해 왔다. 우리는 (사람들을 대상으로 한) 공적인 일을 복음화를 위한 기초와 수도 생활을 규정하는 특성으로 삼아 왔다. 그런 활동이 실패하거나 주춤하게 되면서 그 결과로 수도 생활 자체를 실패라고 한 것이다. 또한 봉쇄 생활은 주변 세상과 동떨어져 있기 때문에 하늘나라에 더 가까운 것이라고 여겼다. 예언자가 정말 하느님의 사람이고 예수님이 진정 관상가라면, 두 입장 모두 진리와 거리가 멀다. 역사를 보면 수도 생활의 번성은 두 가지의 통합, 즉 활동을 관상과 통합하고 관상을 활동과 통합하는 것을 통해 이루어짐을 알 수 있다. 힐데가르트, 베르나르도, 아빌라의 데레사 등 위대한 관상가들은 가장 활동적인 사람들이었다. 시에나의 카타리나, 샤를 드 푸코, 로욜라의 이냐시오

등 가장 활동적인 사람들은 또한 훌륭한 관상가였다. 현대에 들어서, 수도승 토마스 머튼의 경우에도 정의 평화 센터를 직접 운영하지는 않았지만 정의 평화 문제를 교회의 아주 긴급한 문제로 삼았다. 정의 평화 센터를 공동으로 운영한 예수회 사제 댄 베리건과 기혼의 평신도 필 베리건 형제 또한 대중을 위해 열정적인 영적 관점을 유지했다.

현재의 수도 생활이 필요로 하는 것은 세속과의 분리가 아니라 세속이라는 실질 내용으로부터 거룩함을 배양하는 것임이 확실하다. 수도 생활이 해야 할 역할은 세상에 대한 지평을 높이는 하느님에 대한 질문과 하느님이 하시는 질문을 세상의 지평 위에 높이 간직하여 어디서든 모든 이가 보고 추구하도록 하는 것이다. 그리스도의 정신 안에서, 복음에 바탕을 둔 강력하고 분명한, 증거하는 영적 삶이 아니라면 세상에서 최고의 일이라 해도, 그 일을 행하는 이가 수도회 회원이라 해도 그 일은 순전히 사회의 일이 되어 버린다. 그렇게 되면 영적인 질문, 즉 기본 질문이 세상의 시야에서 사라지고 생활 자체는 메마르고 의문시되며 잿더미는 식어버려 후세대에게 보존할 가치가 있는 것을 하나도 남겨 주지 못하게 된다.

수도 생활의 과제는 절대로 과제가 아니라 삶의 여러 가지 중요한 질문을 삶의 모든 차원에 적용하는 것이다. 수도자는 "왜 이러한 불의가 일어나는가?'라는 질문 없이 자선 행위를 하지 않는다. 수도자는 "세상을 바꾸려면 무엇을 배워야 하는가?"라는 질문 없이 가르치지 않는다. 진정한 수도자는 활동의 이유, 활동의 결과와 대가, 그리고 하느님 나라의 도래에 끼치는 기여 등을 관상하고서야 행동을 시도한다. 수도 생활은 관상을 매우 활동적인 일로 받아들인다.

수도 생활의 목적은 형태나 시기와 상관없이 영적으로 추구하는 일, 영적 질문의 보존, 대대로 이어지는 여러 영적 도전을 분명히 밝혀 주는 것이다. 그러나 그럴 경우 수도 생활의 가치에 대한 현재의 우려가 완전한 오해는 아니더라도 최소한 제대로 이해되지 않을 수 있다. 과거 여러 세대의 주요한 사회적 질문에 응답하기 위해 세웠던 훌륭한 기관들을 이제 더 이상 수도 생활의 특징으로 여기지 못하는 처지에, 수도 생활에 어떠한 목적이 남아 있기는 할까? 그렇다. 그리고 그 어느 때보다 그러하다. 이제 수도 생활은 복음을 이해하고 다가오는 세상을 직면하는 가운데 생기는 질문들을 외치며 다시 시작할 기회를 얻었다. 이 사회에 도전을 던지는 질문은 '수도 생활은 가치가 있는가?' 가 아니다. 복음서가 가치 있는 한 수도 생활도 가치 있을 것이다. 그렇다, 진짜 질문은 '수도 생활이 생명력이 있는가?' 이다. 한때 수도회가 운영하는 기관을 통해 복음은 잘 드러났다. 하지만 이제 여러 기관이 문화에 대해 예언적 역할보다는 보편적 사회의 흐름이요 문화의 일부가 되어 버렸다. 이러한 시대에 수도 생활은 그러한 기관들보다 복음에 다시금 의존할 만큼 신앙적인가?

우선, 우리 스스로 복음을 깊이 살펴보고 알아야 한다. 매일, 항상, 지치지 않고, 어떤 상황에서나! 우리는 모두가 볼 수 있을 정도로 활활 타오르는 영적 삶을 살아야 한다. 그렇다, 무엇보다 먼저 깊고 규칙적이며 분명한 영적 삶을 살아야 한다. 그래야만 저항에 놀라지 않게 된다. 우리 안에 교회와 국가에서 생기는 모든 장애물을 평온한 마음으로 침착하게 넘어가게 해 줄 영적 저장고를 만들어 우리가 하는 질문이 단지 우리가 만들어 낸 것이 아님을 확실하게 인식해야 한다.

선승들이 전하는 얘기가 있다. 한 나이 든 여인이 아주 극심한 장마철에 먼 산에 있는 성지로 순례를 떠났다. 도중에 여관에 들러, 거룩한 산에 오르기 전에 하룻밤 묵어가기를 청했다. 그러자 여관 주인이 말했다. "이런 날씨에 그 진창길을 올라가다니, 말도 안 돼요." 하지만 여인은 이렇게 대답했다. "어려울 것 없답니다. 제 마음은 이미 여러 해 그곳에 가 있었으니, 이제 몸만 가 닿으면 되거든요."

진정한 수도 생활 없이는 어떠한 수도 생활도 있을 수 없다. 그러나 진정한 수도 생활이 있다면 그 외의 모든 것, 시대가 주는 모호함, 변화, 사회의 새로운 도전, 시대의 불을 보존하려는 목적 등은 크게 문제가 되지 않는다.

5. 위험을 무릅쓸 때

베트 데이비스Bette Davis는 "노년기는 유약하게 보이는 이들을 위한 시기가 아니다."라고 말했다. 노년기에는 특별한 용기가 필요하다. 노년기에는 마땅히 해야 할 일이 쉽거나 신나기 때문이 아니라, 단지 할 가치가 있기 때문에 계속해 나가는 그런 드문 힘에 의존함으로써 에너지를 얻는다. 노년기는 오래 살며 쌓아 온 경험에 힘입어, 삶에 특별한 특징과 범상치 않은 선물을 가져온다. 노년기는 생의 끝이 아니라 새로운 도전을 제시하고 새로운 응답을 요청하는 생의 한 단계이다. 노년기에는 그 나름의 선물과 책임이 따른다. 현대 수도 생활에서 무엇보다 중요한 점은 노년기가 사람들만이 아니라 인간과 관계된 만사에 영향을 준다는 사실을 깨닫는 것일지도 모른다.

생기발랄한 청년기를 훨씬 지난 여러 수도 공동체가 역사의 선상에서 새로이 배울 점은 바로 노년기의 특별함이 아닐까 싶다. 노년기에도 상당한 생명이 있다. 그 생명은 우리가 노년기를 어떻게 사는가에 달려 있다. 때가 되기 전에 죽을 수도 있고 죽을 때까지 살 수도 있다. 살아 있는 만물은 모두 그러한 선택에 직면하게 된다.

수도 생활은 노년기를 두 차원에서 다룰 수 있다. 먼저 회원의 연령이 높아지고 있다는 점이다. 입회하는 이들마저 전반적으로 연령이 높다. 두 번째는, 공동체의 관습과 문화에 대한 추측, 생활 습관과 신학적 이상 등의 관점에서 함축하는 모든 것과 함께 제도 자체의 연령의 변화이다. 거기서 생겨나는 도전 또한 마찬가지로 간과할 수 없다. 나이 든 회원들은 새로운 사고와 접해야 한다. 새 회원들은 최근 역사가 너무 오랫동안 영원한 진리로 잘못 이해해 왔을지도 모를 환경 속에서 젊은 마음가짐과 신선한 비전을 보존해야 한다. 고령화 현상이 두드러진 곳에서는 과거 가치에 뿌리를 둔 젊은 비전으로 공동체 정신을 삼아야 한다. 그렇지 않으면 항상 해 온 것과 하기로 되어 있는 것을 혼동할지도 모른다.

과거 전성기를 누렸던 수도 생활은 새로운 시대의 건설에 직면하고 있고 죽음을 맞기 전의 그러한 체념을 용인할 수 없다. 이제 참으로 영적인 삶을 살기 위해 수도 생활은 쉽지 않은 용기를 내어야 한다.

사람과 사물 모두 언젠가는 나이를 먹는다. 젊음이 마치 국가國歌라도 되는 듯한 문화에서는 전통적인 지혜에 따라 어느 정도 나이가 들면 다음 세대에게 모든 것을 맡기고 인내하고 수용하며 죽음을 기다리는 일종의 노쇠 상태가 된다. 그런 환경에서는 생명이 다하기 훨씬 전부터 그런 식으로 죽어 가는 것이 크게 놀라운 일이 아니다. 슬픈 과정일 따름이다. 수명을 다하기 전에 죽는 이들에게 있어서 과거는 영원불멸한 것이 되고, 생명을 주는 신선한 미래에 대한 생각은 상상조차 불가능하다. 과거만이 중요하고 가능성과 당위성은 무시된다. 그러한 사실을 깨닫지 못하고 또 이렇다 할 명목도 없이, 이렇게 산송장 상태로 살아가는 이들은 무기력하게 비실거리며 안이한 사람이 되어 버린다. 사실 이런 사람들은 젊어서부터 안이해지기 쉽다.

결과적으로 미국 문화 속에서 연령에 대한 생각 자체가 수도 생활에 가장 큰 위험 중 하나로 제기되었다. 연령이 미국 문화와 수도 생활이 만나는 교차점이 된 것이다. 여기서 문화와 영성 생활이 미묘하지만 분명하게 충돌한다. 문화적 연령과 수도자가 생각하는 연령 사이의 갈등을 해결할 필요가 있다.

젊은 세대의 문화는 온갖 실질적인 목적을 위해서, 또 다양한 차원에서 삶이 끝나는 지점을 정하기 마련이다. 공식 교육 과정을 끝내면서 전문성의 퇴보가 시작되었음을 감지한다. 40세 즈음이면 전문직 가능성에 대한 감각을 상실한다. 직책에서 은퇴하면서부터 공적 가치 감각을 잃어버린다. 그런가 하면 이러한 사회 풍토와는 대조적으로, 수도 생활은 끝나는 지점이나 한계를 생각하지 않고 오히려 끊임없이 불멸의 것을 가리키는 여러 특징을 내놓는다.

문화적으로 사람들은 '은퇴하고', 사회 문화의 유지 및 발전과 경제 부흥을 위해 컴퓨터화의 장려라는 명목으로 점점 더 이른 나이에 시장에서 퇴출당한다. 그 과정에서 한때 나름대로 작은 세상을 움직이고 흔들어 놓던 사람들이 갈 길을 잃고 무력해진다. 그들은 이제 좀 뭔가 알 만큼 경험을 쌓았다고 느낄 나이에 쓸모없는 존재로 전락하게 된다. 생산성 지향의 돈으로 평가되는 사회에서 많은 사람들이 막 생을 시작하려다가 끝내고 만다. 그리고 '늙은이'가 되어 마지못해 움직이는, 목적 없는 삶을 살아가게 된다.

수도 생활에는 은퇴가 없다

반면, 수도 생활은 매 순간 개인의 에너지와 비전을 삶 자체를 초월하는 곳으로 돌려놓기에, 그곳에 도달하지 못하고 삶 자체를 완성하지 못할 뿐 아니라 은퇴도 없다. 수도자에게 있어서 삶은 항상 시작일 뿐, 절대로 끝나지 않으며 항상 새로 생기는 다음 순간을 향해 움직인다. 물론 수도자에게도 죽음은 다가오지만 삶의 모든 순간을 충만히 살아 내기 전에는 오지 않는다. 수도자의 죽음은 일터나 사회 제도에서 정한 시간에 따르지 않고 특정 나이에 매어 있지도 않다. 삶의 매 단계마다 항상 중요하게 시작할 무엇, 배울 만한 새로운 것, 내어 줄 만한 중요한 무엇이 있다. 그러므로 현시대 수도 생활이 직면하는 도전은 시간에 대한 상반된 태도가 지닌 의미를 규명하는 것이다. 시간은 우리를 소진시켜 죽음 전에 일찌감치 멈추는가 하면, 또 다른 한편으로 시간은 충만한 삶으로 나아가는 일련의 단계이기에 결코 멈출 줄을 모른다. 문화는 나이가 들면 허약해지지만, 수도 생활은 세월이 흐르면서 그 힘과 목적이 얼마나 큰지를 인식하게 된다.

나이가 들면 충만하고 활기찬 삶을 살기 어려워진다는 것은 사실이 아니다. 오히려 나이가 들면서 우리는 순화되고 연마되며 다시 새롭게 된다. 노년기란 정확히 말해 가치가 변하고 덕의 개념을 재조정하는 생애의 한 지점이며 한때 정말 중요하고 좋다고 여기던 것에 마침내 의문을 제기하며 새로운 선택이라는 속성에도 개방되는 때이다. 노년이 되어서야 비로소 우리는 자신이 진정으로 왜 사는지, 어떻게 살아가고자 하는지를 자유롭게 결정할 수 있다.

젊고 경험이 부족한 이들은 흔히 위험을 무릅쓰기보다 신중함을 높이 산다. 앞서고자 하는 젊은이는 일찍부터 체제에 의존하고, 순응하며, 조용히 따라가고, 어느 누구도 또 어느 것도 위협하지 않으며 지내는 법을 배운다. 젊은이들은 경험을 통해 부족한 기술을 보완하기 전에, 보다 나은 용기란 조심스럽게 쫓아감으로써 영역을 확보하는 것이라는 메시지를 먼저 얻는다. 결과적으로 매 단계를 확실히 모르는 젊은이들은 흔히 알고 있는 단계에 매달리기 마련이다. 그러한 젊은이들을 보수 세대라고 한다. 그러나 젊은 세대란 순응하라는 큰 압력을 받고 있다고 하는 편이 맞을 것이다. 여기저기서 다소 저항은 있을지라도 말이다. 다시 말해, 젊은이들도 나름대로 위험을 무릅쓰고 있으며 길들이지 않은 것과 무모함에 대해 우리가 생각하는 모든 것들을 가지고 씨름하고 있다. 그러면서 젊은이들은 다가올 그들의 때를 인내하며 기다리는 법을 배운다.

한편, 연로한 이들에게 있어서는 어렵게 쟁취한 안전이 너무 쉽게 유혹으로 변하고, 성공 역시 은연중에 당연한 것이 되며, 조심한다고 하는 것이 가장 자유로워져야 할 순간에 삶을 적당한 자리에 고정시켜 버릴 수도 있다. 그럴 때에는 기다리는 대신 위험을 무릅쓸 수 있어야만 그 연배가 지닌 특성과 가치, 자질과 행복을 누리게 된다. 그렇기 때문에 젊은이들보다 노년의 선구자들이 사회에 더 큰 충격과 영향을 준다. 가령 알베르트 슈바이처, 알베르트 아인슈타인, 닥터수스(미국의 아동 문학 작가), 마더 존스(미국의 노동 운동가), 그랜마 모지스(Grandma Moses, 미국의 국민 화가), 마리아 발란신Maria Balanchine 등은 어느 젊은이들보다 훨씬 더 큰 감흥과 희망을 주었다. 사실 현 상황에서, 위협하거나 통제할 수도 없고, 지긋지긋하게 살아 있다고 벌할 수도 없는 경험 많고 두려울 것 없는 확신에 찬 노년층보다 더 위험한 대상이 어디 있겠는가.

회당에서 쫓겨나고 나라로부터는 경계의 대상이 되었으며, 친척들에게서 미친 사람 취급을 당하고 이웃에서 배척을 받은, 오직 소외된 자들만이 좋아했던 예수님을 따르기 위해 사회적 안전을 찾아 수도 생활을 하겠다고 입회한 사람들은 현실적으로 정확하게 길을 잘못 든 것이다. 게다가 또 다른 엄연한 사실은 노년기가 절대로 안주할 때가 아니라는 것이다. 수도 생활뿐 아니라 언제 어디서나 마찬가지다. 내일의 삶이 이미 지나간 어제를 지루하고 서글프게 시연하는 것이 아니듯이, 노년기는 거리낌 없이 상상력을 발휘하여 새로운 것을 시도하는 시기이다. 요컨대, 죽을 때까지 산다는 것이 삶의 궁극 목표가 될는지도 모른다.

그러나 그동안 알고 있던 수도 생활은 이제 오래된 것이다. 수도 공동체가 새로운 프로젝트를 구상하고 엄청난 노력을 하며 모르는 사람이 없을 정도로 승승장구하는 데 에너지를 쏟던 시기는 오래 전에 지났다. 수도 생활 자체가 크게 중요시되던 때를 지난 것이다. 과거 행하던 활동은 거의 존재하지 않고 눈에 띄지도 않으며 주위의 여러 유사 기관과 비교도 안 된다. 주위 기관 대부분이 여러 수도회가 번성했을 때보다 규모에 있어서 더 크고 풍요로우며 확장되었기 때문이다. 어떤 이유로든 예전의 활동 대부분이 사라졌다. 그래서 다음과 같은 질문이 계속 성가시게 대두된다. 수도 생활도 역시 사라졌는가? 그렇지 않다면, 이 시대의 영성은 무엇인가? 포기할 준비를 하기도 전에 어떤 시기가 소멸됨을 보는 데서 느끼는 와해와 실패했다는 느낌을 무엇으로 회복할 수 있는가?

생명과 활기

수도 생활이 쇠퇴하는 현 시기에 필요한 것은 죽음의 체념이 아니다. 수도 생활은 생명과 활기를 필요로 한다. 새로운 목적이 필요하다. 새로운 열정으로 두려움 없이 새 길을 택할 믿음이 필요하다. 이제 과거의 것은 모두 잃었는데 더 잃을 것이 무엇인가? 세상이 쇠퇴를 예상하고 요구하는 바로 그 순간에, 수도 생활은 어떻게든 수도 생활 자체를 지켜 나가야 한다. 이제 수도 생활은 조심하거나 순응하기보다 모험을, 과거의 지혜가 아니라 과거를 보존하려는 보수주의보다는 모험을 필요로 한다. 수도 생활은 삶의 노화에 응하기를 거부하는 연로한 회원과 영혼의 노화에 응하기를 거부하는 젊은 회원들을 필요로 한다.

제도가 낡았다고 해서 새로운 생각을 하거나 새로운 일을 하지 못하는 것은 아니다. 오히려 제도가 오래되었기 때문에 새로운 사고와 일을 요구한다. 나이가 들었다고 해서 죽은 듯 지내거나 안일하게, 또는 무심하게 물러나 누군가가 구해 주지 않을까 기다리기만 해서는 안 된다. "누가 이 죽음에 빠진 몸에서 나를 구해 줄 수 있습니까?"(로마 7,24ㄴ) 여기서 하느님은 침묵으로 답하실 뿐이다. 노인이건 젊은이건 내면의 죽음으로부터 자신을 구할 수 있는 것은 자기 자신뿐이기 때문이다.

사실 수도 생활의 보존이 우리의 의무는 아니다. 우리의 유일한 의무는 수도자로서 무덤에 가는 것이다. 이제 이유를 찾고, 구실을 받아들여, 적당한 때를 살펴 도망치는 자기만족을 위한 예언을 그만두어야 한다. 마치 숫자와 때가 수도자 헌신의 의미이자 성공의 척도인 양 회원 수의 감소와 중년층의 증가에 대해 이야기한다. 마치 일과표와 변화 없는 예식이 충실성의 표시이자 신앙의 증거인 양 전통과 '영적 생활'에 대해 말한다. 과거와 현재를 비교해서 수도 생활 정신에 맞지 않기 때문이 아니라, 친숙하지 않기 때문에 용납할 수 없는 것을 찾아낸다. 새로운 필요에 대해 말하지만 그 필요에 부응할 수 없어서가 아니라, 우리 스스로 그것이 주는 짐을 지기 싫어서 '연로한 수녀님들' 때문에 불가능하다고 해 버린다. 평생을 기도하며 살다가 가장 강해져야 하는 바로 그 시점에 멈추는 바람에, 엄밀히 말해서 평생 바라고 기도해 온 믿음의 사람, 예언의 사람이 되지 못한다. 대신에 그 문화에 속하는 다른 모든 사람들처럼 기관을 성공의 표지로 여기고, 기관의 상실을 실패의 상징으로, 또 안주의 이유로 삼으며 나머지 세상이 흘러가도록 버려두는 것이다.

어쩌면 무엇보다 고통스러운 일은 영적 추구가 일과표와 일상의 수준으로 축소되고 나면, 영적 추구 자체가 함정이 될 수 있다는 점이다. 사실 '영적 추구'는 열광적이고 근거 없는 변화나 사회의 일시적 유행에서 발전된 행동주의만큼 쉽사리 수도 생활의 죽음을 알리는 불길한 징조가 될 수 있다. 무엇보다도 영적 추구가 영적인 것을 전혀 행하지 않는 것에 대한 경건한 구실이 될 수도 있다. 영성 생활이라는 명목으로 일찍 잠자리에 들고 가난한 사람을 무시하며, 일찍 일어나 기도하지만 피로에 지친 이들을 기억하지 못한다. 따뜻한 수녀원에 살면서 셋방살이하는 이들을 잊고 직접 과거에 하던 일을 하기에 너무 연로하거나 젊거나 수가 작다면서 현존의, 예언적 목소리가 되기를 멈추는 것이다. 그러면서 그런 삶을 수도 생활이라고 부르고, 왜 수도 생활이 죽어 가는지 의아해한다.

노년의 문제는 수명이 다하기 전에 죽으려는 유혹, 모든 노력이 너무 과하게 여겨지고 겨우 목숨을 부지할 정도의 에너지밖에 없는 일종의 산송장 상태가 되는 그런 유혹이 함께 오는 것이다. 노화가 시작되기 여러 해 전에 그냥 기운이 빠져 지레 늙어 가는 사람도 있다. 이런 사람들은 죽음을 기다리다 생기 없는 죽음을 맞이하고, 상처 입은 동물 위를 나는 새처럼 확연히 죽음이 다가올 때까지 멍하니 긴 잿빛 밤 속으로 들어간다. 살기를 그친 사람은 죽어 가기 시작하고 계속 살아가는 사람에게는 죽음이란 아직 멀기만 하다. 우리가 깨달아야 할 사실은 공동체 역시 이와 같을 수 있다는 것이다. 자주 그러하다. 사실 그렇게 해 왔고 또 그렇게 하고 있다.

물론 시대적 어려움 중 하나는 한때 젊고 안정적이기를 바라던 것이 나이가 들어서도 멋지게 보이도록 요청된다는 점이다. 수도 생활의 경우에 쉰 살 이후 어떻게 살아야 할지를 잊어버린 젊음의 문화가 오랫동안 지속되었다는 점이 문제가 될 수 있다. 즉 전쟁 세대를 전후로 성소가 증가하면서 수련소는 거대해지고 수도자들은 나이가 들기도 전에 일선에서 물러나는 풍토가 조성되었다. 사도직을 수행할 젊은이들이 항상 있었기에 쉰 살 정도만 되어도 '수도 생활'의 틀에 박힌 일상에 젖어 크게 걱정할 일도, 그렇다고 직면해야 할 도전이나 새로운 비전도 없이 살았다. 일단 쉰 살이 넘으면 기도하면서 일과표에 따른 되풀이 되는 일상을 유지하기만 하면 되었다. 수도 생활이라는 명목으로.

 매우 안타까운 일이다. 이제는 실제로 젊은 성소자 수가 얼마 되지 않는다. 이런 문화에서는 서른이 되어도 결혼이나 부모 되기, 직업 선택 등의 중대하고 장기적인 자기 계획을 이루는 사람이 거의 없다. 결과적으로 오늘날 수도자의 대다수가 50대 이상이거나 곧 50대가 될 사람들이다. 나이 50이 잘못되었다는 것은 아니다. 50세는 멋진 나이이다. 경험과 지혜가 풍부하고 두려움도 없다. 그렇다. 잘못은 마치 우리가 존재하자마자 인생이 끝나는 것처럼 행동하는 데 있다. 과거 수도 생활에서 '연로' 했던 나이가 이제는 젊은 나이이다. 사회에서도 과거에는 연로한 나이었을 사람들이 충분히 일할 나이에 일선에서 '은퇴하여' 전적으로 새로운 생활을 시작해야 하는 도전에 직면하고 있다. 수도 공동체에서도 진지하게 고찰해야 할 교훈이다.

죽을 때까지 살아가기

 수도 생활의 불을 다시 타오르게 하기 위해서는 죽을 때까지 사는 덕이 필요하다. 수도 생활은 위험을 무릅쓰는 모험의 덕을 되찾아야 한다. 즉, 삶에서 큰 위기가 지나갔다고 여기는 나이 든 회원들이나 기도와 봉사의 일상이 전혀 위험이라고는 없는 생활이라고 생각하는 새 회원들 모두 모험의 덕을 길러야 한다.

  모험이란 나름대로 구체적인 특성이 있기도 하지만 조심하지 않고 되풀이함으로써 실체 없는 말장난이 되어 버리는 경우가 많다. 먼저 상기할 점은 실패 가능성이 높지 않다면 모험은 덕이 아니다. 다시 말해, 적어도 처음 봤을 때 십중팔구 안 될 것 같으나 꼭 시삭할 수밖에 없는 어떤 일을 할 때 비로소 진정한 모험이 되는 것이다. 공중에서 한쪽 그네를 놓고 재빨리 다른 그네를 움켜잡아야 하는 공중 곡예사는 위험을 무릅쓰고 그렇게 한다. 정치 사기를 폭로하기 위해 무보수로 수많은 시간을 일하는 기자 역시 위험을 무릅쓰는 사람이다. 논쟁이 되는 사안에서 교도권과 의견이 다름을 인정하는 신학자들도 지적 솔직함이라는 관심사에 있어서 위험을 무릅쓰는 모험을 한다. 그러나 이들은 혼자가 아니다. 위험을 무릅쓰는 모험은 통합된 영적 생활의 본질이다. 바알 신을 경멸하고 왕을 공공연히 비난하며 사제들을 꾸짖고 사람들을 자극했던 예언자들은 위험을 무릅쓰는 모험이 무엇인지 알고 있었다. 시녀 한 명만을 데리고 적군에게 대항하러 갔던 과부 유딧의 행위도 모두가 볼 수 있는 모험의 덕을 행한 것이다. 마더 매컬리Mother McAuley, 안젤라 메리치, 메리 워드Mary Ward, 베네딕타 립Benedicta Riepp, 그리고 수도 공동체의 위대한 창설자들은 모두 복음적으로 위험을 무릅쓰는 일이 그 시대의 본질이었기에 엄청난 모험을 감행했다.

모험은 어두운 밤에 따뜻한 불가에서 나누는 담대한 얘기가 아니다. 오히려 불안 요소가 있다. 위험을 무릅쓰는 모험은 바람직하지만 불확실한 것에 대담하게 내기를 걸라고 한다. 위험을 무릅쓰는 모험은 이유 여하에 상관하지 않는 신앙이다.

위험을 무릅쓰는 일은 하느님을 유일하고 확실한 동반자로 삼아 그분과 함께 걷는 것이다. 수도회의 명성에 개의치 않고 새로운 질문을 던지고, 평화를 위해서라면 은인의 눈치를 보지 않는다. 또 사제들의 지원을 희생하더라도 여성을 위하고, 지구 생태를 위한 청지기 직분을 수행하고자 생활 양식을 바꾸며, 은퇴 기금 마련을 걱정하지 않고 가난한 이들을 위해 투신하는 모험적인 수도 공동체는 거룩한 모험의 길을 걷는다. 수도 생활이 쉬운 길은 아니지만 수도 생활을 현실 생활로 되찾고, 그 불꽃을 되살리려면 다른 길은 없다.

·위험을 무릅쓰는 일은 활력을 돋우기도 하고, 기력을 뺏기도 하며, 한 집단의 대동맥에 아드레날린을 불어넣고 삶을 다시 살 만한 것으로 만들어 준다. 반어적으로 들리겠지만 모험은 삶을 다시 살려 놓는다. 위험을 무릅쓰는 수도 공동체는 우선 현재를 가능하게 한 과거에 경솔하게 매달려 있으려는 삶의 상태에 균형을 잡아

준다. 이들 공동체 회원은 선조들에게 버금가는 수도자가 되고 훗날 그들 연배에 이르게 될 딸들에게는 모범이 된다.

쇄신을 포기함

문제는 우리가 너무나 오랫동안 수도 생활에서 위험한 일을 하지 않으려고 노력해 왔다는 점일지도 모른다. 쇄신을 시작한 후 쇄신이 진행 중인 상태로 버려둔 것이다. 쇄신이 '지체되어 왔음'을 안다. 그러나 쇄신을 포기했음은 깨닫지 못했다. 여성들이 전례와 의사 결정 지위에 참여할 수 있도록 교회 규칙 변경을 원하면서도 모든 규칙에 따라 유순하게 의무를 다하며 생활하고, 우리의 명성이나 성직자들과의 인맥, 평화로운 저녁 식탁에는 신경 쓰면서 바라던 바를 얻기 위해서는 거의 위험을 무릅쓰지 않는다. 공동체의 사도직을 계속하기 원한다고 말하지만, 창설자들이 그러했듯이 다른 사람들을 돌본다면 우리의 노후 문제도 저절로 해결되리라고 믿으며 필요한 사도직 지원금에 신경 쓰는 대신, 수도자 은퇴 기금을 더 자주 염려한다. 우리는 총회 때마다 예언적으로 임하고 예언자적 격정에서 나오는 입장이나 자세, 행동을 승인하는 투표를 하지만, 막상 따로 떨어진 우리만의 작은 세상으로 물러나온 뒤에는 갑자기 늙어 버린다. 뭔가를 할 마음도 없이 지친 상태로, 더 중요한 일을 핑계로 다른 누군가가 대신 그 일을 해 주기를 기다린다. 심한 경우에는 "사람들을 화나게 해서 유리할 것이 무엇인가?"라며 어떤 식으로든지 해당 집단의 안전이나 명성에 해를 끼칠 일은 전혀 지지하지 않음으로써 '직면하지는 않으면서 어려움만 주기도 한다.' 이는 대가를 치르지 않은 채 미래를 얻고자 하는 것이다. 주변의 예언자를 아주 의심스럽게 여기며 매일 자신 속으로 더욱더 깊이 주저앉는다. 당대의 사회, 정치, 신학적 저항을 견뎌 내어 훗날 우리 시대에도 그렇게 하도록 했던 예언자들의 특성과는 달리, 나이는 들었지만 유약하기 그지없는 아이 같은 수도자가 되어 버린다.

결국 활기 없는 집단은 삶에 활기를 잃고 자신 안에 있는 생명의 초대에 둔감해져 생명에 대한 부르심에 반응하지 않는 사람들을 낳는다. 세상의 은퇴 기금을 모두 다 합쳐도 그런 집단은 구하지 못한다. 새로운 사고와 체제와 생활 형태를 위해 무모한 위험이라도 감행할 필요가 있는 세상에서는 아무리 '좋은 일'이라도 낡은 사고와 체제와 생활 형태에 구태의연하게 투신하기를 선택하는 집단을 구하지 못한다.

우리가 알고 있던 수도 생활은 분명히 죽었다. 그 속에 유일하게 남은 생명이 회원들 마음 안에 살아 세상 한가운데서 울린다.

사람들은 노년이 우리 안의 생명을 차단하고 응답하지 못하게 하며, 발휘할 수 있는 영향력을 꺾어 놓고 우리를 필요로 하는 곳으로 나아가지 못하게 한다고 믿고 싶어 한다. 그러한 말을 사라와 아브라함, 도로시 데이와 마더 데레사, 비드 그리피스Bede Griffith와 돔 헬더 카마라Dom Helder Camara에게 해 보라. 문제는 나이가 아니다. 나이와 상관없이 노화되고 영혼이 위축되는 것이 문제이다. 침묵과 성공의 영성에 길들여진 덕에 모험의 영성을 놓치게 되었다는 점이 문제이다. 그러나 이 시대가 다음 시대로 계속 연결되려면 무엇보다 안정된 생활이 회원 개개인뿐 아니라 모든 수도 공동체에서도 모험의 온상으로 변화되어야 한다. 그것이야말로 이 시대, 우리가 사는 시대의 목적이다. 그것이 현 수도 생활의 기준이다. 사실 우리의 모든 삶이 이 목적과 기준에 따라 판단될 것이다. 노년기는 새로운 삶을 위한 때이고, 모든 수도자가 너무나 잘 알고 있듯이 나이는 살아 있지 못함에 대한 변명이 되지 않는다. 노년기는 철저하게 살아 내야 할 때이다. 그렇게 할 때에만 이 자리에서 성화를 이루게 될 것이다.

"영성 생활에서 위험을 무릅쓸 장소를 알려 주십시오."라고 제자들이 청하자 선승은 버마(현 미얀마) 도로 건설 현장에서 일하기 위해 매월 화물 비행기를 타야 했던 시골 사람들의 이야기를 들려주었다. 비행 거리는 길었고 일은 지루했기에 시골 사람들은 비행기를 타고 가는 동안 카드놀이를 했다. 내기에 걸 돈이 없었으므로 지는 사람은 낙하산 없이 비행기에서 뛰어내리기로 했다. "저런, 말도 안 돼!" 제자들은 깜짝 놀랐다. 그러자 스승이 계속 말했다. "물론 그렇지. 그러나 카드놀이는 확실히 더 치열해졌지."

메시지는 분명하다. 목숨을 걸고 도박할 때야말로 죽지 않으려고 온갖 수를 다 쓰게 된다. 사실 예수님을 따르던 제자들이 맨 먼저 제자가 된 이유도 바로 거기에 있지 않을까?

6. 작아짐의 영성

　성경은, 힘으로 제압하고 압도하며 수적으로 우세한, 때로는 완전히 전멸시키려는 듯한 커다란 집단과 경쟁한 소수 민족이 거쳐 간 곳을 기록한, 일종의 긴 숙박 대장과 같다. 이스라엘 민족은 이집트에서 노예 상태를 견디어 냈다. 다윗은 골리앗을 쳐부수었다. 성전이 무너진 후 예루살렘에서 추방된 유배 생활은 굴욕의 체험이었다. 혈육에게 버림받았던 요셉은 고립이 무엇인지 알게 된다. 남성 중심 사회에서 과부가 된 룻은 자포자기 상태를 버텨 냈다. 유다 민족과 떨어져서 페르시아 왕의 궁정으로 가게 된 에스텔은 죽음에 직면한다. 홀로 적장 홀로페르네스와 대면하도록 남겨진 유딧은 동족 모두의 희망을 자신의 등에 짊어진다. 산 너머 산처럼 그들은 모두 자신들이 감당하기 벅찬 상황들을 직면하지만 살아남아 또 다시 시작한다.

　그러나 성경이 함축하는 바와 달리, 무력함이나 미소함, 나약함은 우리의 문화나 세상이 소중히 여기는 이미지가 아니다. 게다가

이토록 약함을 드러내는 이미지를 우리는 태연히 받아들이지 못한다. 그럼에도 불구하고 시초에 박해를 받았던 그리스도교가 서양 세계에서 번성함에 따라 그리스도교의 여러 기관도 더불어 융성하게 되었다. 그리스도 교회는 힘을 얻고 특혜를 누렸으며, 부유해지면서 정치적으로도 유력해졌다. 온 유럽은 곳곳에 스며든 가톨릭의 영향을 받아 그 활기로 살아갔고, 그렇지 않을 때에도 그리스도인들이 우세했다. 규모가 중요시되었고, 규모로 승패를 갈랐다. 교회는 무기력함을 선호하지 않았다.

오늘날까지도 교회는 신자 수와 개종자들의 수를 중요시한다. 매년 교회는 새로 입교한 신자 수와 새로 생긴 본당 수를 기록한다. 성경에 나오는 인물들을 통해 보았음에도 불구하고, 겸손의 선구자이며 십자가의 수호자라고 할 교회가 서구 사회에서 현세적 힘과 특권을 포기하는 데 있어서는 늑장을 부리고 마지못해 그렇게 해 왔다. 고트 족을 내쫓고, 여러 식민지를 건설한 서구 세계도 실패를 쉽게 용납하지 않는다. 주도권을 둘러싼 경쟁은 오늘날까지도 계속된다. 경제와 상업, 과학과 군사력뿐만 아니라, 과거에는 게임으로 여겨졌고 지금도 놀이로 통하는 스포츠나 국제 정치에 이르기까지 모든 분야에서 맹위를 떨치고 있다.

우리는 숫자와 크기를 중시하고 가치를 두는 경쟁 세계에서 살고 있다. 질적인 면보다는 크기에 주력해 홍보한다. 즉, '유사 기관 중 가장 큰 기관, 가장 많은 회원… 역사상 가장 많은 졸업생… 세상에서 가장 광범위한 체제'라고 의기양양해한다. 힘과 지배를 슬로건으로 내세운다. 즉, "우리가 최고다."라고 가르친다. 스스로를 '서구 세계의 지도자'라고 일컫는다. "좀 더 분발합시다!"라고 외치며 최고가 되지 못한 사람들도 곧 일등이 될 수 있다고 다그친다. 작음이 얼마나 바람직한지는 차치하고, 작음의 생명력에 대해 거의 모르는 것이 확실하다. 절망 상태에서 느끼는 하느님의 손길에 대해서는 거의 모른다. 아무리 사람이 많아도 무심할 때는 무력하지만 불타는 가슴을 지닌 한 사람의 힘이 얼마나 큰지를 안타깝게도 잘 모른다. 투신에 대해서는 그렇지 않으면서 규모는 세세히 따지고 든다.

최근 들어 수도 생활의 수적 손실에 당혹스러워 하는 것은 자연스러운 현상이다. 수도 생활의 가치를 크기로 재는 것도 당연하다. 수도자 수의 감소가 미치는 부정적이고 긍정적인 영향을 얘기해야 할 때에도 수도 생활의 쇠퇴가 확실하다는 이야기를 하고 있는 것이 이상하지 않다.

작아짐이라는 주제는 시급한 해결책을 절실히 찾게 한다. 오늘날 수도 생활을 둘러싼 제도상의 침체는 나이와 회원 수와 관련이 있다. 그러나 모세가 이스라엘 민족을 사막으로 이끌었을 때 이스라엘 백성은 안내자 없이 사막을 가로지르는 길을 찾을 수 있을 만큼 충분한 인원인지, 집단의 중간 나이가 그 여정을 할 정도로 젊은지에 대해 아무도 묻지 않았다. 자신이 가져갈 수 있는 모든 가산을 챙겨 민족 모두가 새로운 땅으로 가야 한다는 것만 기대했고, 그렇게 하면 야훼께서 그들을 거대한 민족으로 세워 주시리라 믿었다.¹ 오늘날 수도 생활에 희망의 여지가 조금이라도 있는지, 믿음에 대한 질문이 조금이라도 있는지 여부가 바로 그 해결책이다.

이 시대에 우리 한 사람 한 사람은 특별한 장소에서 부여된 일을 하는 큰 집단이 아니라, 계속 나아가는 과정 자체야말로 불을 지키는 데 있어서 본질적이고, 수도 생활의 의미에 근본적인 것이라고 여기는 남은 자들과 함께하도록 부름을 받고 있다.

수도 생활이 정말 쇠퇴하고 있는가?

사람들이 독신과 공동체 생활 양식에 끌릴지도 모른다는 사실과 상관없이, 수도자 스스로 수도 생활을 단순히 과도기가 아니라 '쇠퇴기'로 간주한다는 이유만으로도 오늘날 남녀가 수도 공동체에 입회하기를 주저할 가능성이 있다. 하느님께서 옛 뿌리에서 싹을 트게 하고 오래된 석탄에서 새로운 불을 일으키실 수 있다는 것을 수도자들 스스로 너무 자주 의심한다. 제도 확장과 수도자로서 진정한 증거가 줄어드는 것 사이의 관계를 수도자들 스스로 보지 못한다. 어쩌면 수도자들은 이 시대에서 어떠한 새로운 것이 태동하든 그것을 위해 변치 않는 자세로 용감히 희생하려는 정신보다는 옛 것을 상실하는 데서 오는 체념으로 반응할지도 모른다. 이집트를 온전히 포기하기로 동의하기 전에 수도자 스스로 가나안 정탐을 요구하고 있다. 수도 생활은 숫자 놀이나 안도감을 주는 물건이 아니며, 기존의 엘리트 체제를 지속적으로 행사하는 장이 아님을 수도자 스스로 이해하지 못한다. 그 반대이다. 가장 생산성이 높고, 사회적으로 인정을 받으며, 명백히 성공이 드러나고, 여러 기관이 대규모로 사회 곳곳에 깊이 관여해 활동할 때가 오히려 수도 생활이 타락했다는 표시가 된다.

  제대로 된 수도 생활을 위해 수천 명이 필요하지는 않다. 수도 생활의 가치를 증명하기 위해 수많은 무리의 사람이 필요하지 않다. 수도 생활은 정체를 알 수 없는 사람들의 집단이나 자기들만을 위한 세상이 아니다. 그리고 익명의, 언제든 다른 부품으로 교체될 수 있는 대량 생산 작업 라인도 아니다. 오히려 수도 생활은 최상의 상황일 때조차 성벽의 보초나 새벽의 파수꾼, 한밤의 야경꾼, 저 멀리 언덕 위의 촛불에 불과하다. 수도 생활은 단순한 일과, 성찰 가운데 고독 속에서 행하는 고유한 직무이다. 그것은 성경에 나오듯 '둘씩 짝지어' 쉽게 할 수 있는 일들이다. 어디를 가든 서로 지탱해 주고 도와주며 격려함으로써 성경의 소리가 약해지거나 완전히 사라진 곳에서 소리를 내는 일이다.

결국 현시대에 수도 생활이 필요로 하는 것은 작아짐의 영성이다. 즉 수도 생활은 세상을 향한 목소리와 부르심, 현존과 예언의 역할을 해야지 노동력이 되어서는 안 된다. 교회를 위해서라도 절대 노동력이 되어서는 안 된다.

저명한 인류학자 마거릿 미드Margaret Mead는 이렇게 말했다. "작은 무리의 사람들이 세상을 변화시킬 수 있다는 것을 결코 의심하지 마라. 사실 역사상 언제나 소수의 사람들이 세상을 변화시켜 왔다." 단 한 명의 간디와 얼마 안 되는 제자들의 무리, 한 명의 마틴 루서 킹Martin Luther King과 몇 명의 개인 조언자들, 한 명의 토머스 머튼과 비슷한 생각을 지닌 소수의 동료들이 있었다. 언제나 이들 소수의 영향은 그 수를 훨씬 뛰어넘었다. 그들은 양이 아니라 질로 현존을 드러냈기 때문이다. 집단의 크기가 아닌 본질 때문에 사람들은 그들의 메시지에 주의를 기울였고, 그들의 메시지는 사회 최전방에까지 전달되었다. 그들은 사람들이 꺼리는 문제들에 대해 그들을 둘러싼 세상의 중심에 대고 말하는 목소리였다. 스스로를 속이는 세상, 자유롭다고 하면서 수백만을 노예화하고, 정의롭다고 하면서 불의를 강요하는 세상, 평화를 사랑한다고 하면서 무자비한 힘으로 힘없는 이들을 대하는 세상에서 진리를 전했다. 그들은 수가 많아서 힘을 발휘한 것이 아니었다. 그랬다면 성공은커녕 활동을 시작도 못했을 것이다. 가공할 파괴력을 지닌 핵무기를 소유함으로써 안전하다고 여기고, 재산의 많음이 곧 부의 기준이 되며, 성공을 순위로 측정하는 사회에서 위에서 언급한 사람들은 남다른 부류였다. 하지만 여전히 대부분의 사람들은 작음을 실패로 여긴다.

재화가 차고 넘치는 최상층과 뼈 속까지 피폐한 최하층이 존재하는 세상에서는 축소가 이루어져야 할 곳과 축소에 대한 요구를 이해하고자 애쓰는 반면, 수도 생활에서는 기존의 세상을 본보기로 삼는 입장을 취하면서 오히려 이해하고자 애쓰는 세상의 노력에 저항한다. 그러면서 기존 세상의 기준을 적용하여 의미와 목적과 효과성과 지위를 설명한다. 교회로서, 하나의 문화로서, 수도 공동체로서 우리는 숫자의 유혹에 빠져 작아짐의 영성, 즉 마음의 가난으로 초대하는 부르심을 완전히 상실해 버렸다. 그리하여 힘이 될지도 모르는 것을 실패로 여긴다. 새로운 생명이 될지도 모르는 것을 죽음으로 여긴다. 적군을 쳐 이기는 데 하느님의 현존보다 군대의 규모를 더 중요하게 생각했던 기드온처럼 우리는 감소하는 숫자에 슬퍼한다.

기드온이 그랬듯이, 회원 총수의 줄어듦을 이유로 성령께서 하느님의 능력을 알게 해 주시리라 깨닫는 대신에 스스로를 쓸모없다고 여긴다. 우리는 1950년대의 수도 공동체의 회원 수와 2000년대의 회원 수를 비교해 평가한다. 아무 근거 없이 규모와 연령을 효율성의 표시로 여긴다. 그러나 온갖 사람이 다 모인 이스라엘 백성과 사라는 그 반대였다.

작아짐의 영성은 그 자체 안에 불확실함을 신뢰하게 하는 도전을 담고 있고, 우리가 한때 당연하게 여겼던 전문적인 준비, 공적 후원 체계, 확고한 자원, 분명한 목표, 노후 대책, 제도적 인정 등 전문적으로 완비해 놓는 것에 연연하지 않을 힘도 담고 있다. 작아짐의 영성은 익숙하던 것들, 즉 안전하고 사회적으로 승인된 조건, 분명하게 규정된 사도직, 멋지고 마음에 드는 지위 등이 없어도 계속 나아갈 용기를 요구한다. 작아짐의 영성은 서서히 책임이 줄어드는 가운데 당연하게 은퇴한다는 생각을 포기하도록 요구한다. 작아짐의 영성은 기초를 놓았던 창설자들이 제단에 봉헌했던 것과 같은 투신, 즉 아낌없이 일하고 무조건 신뢰하며 끊임없이 기도하고 끝없이 희망을 두는 투신을 요구한다.

작아짐의 영성은, 성공에 대한 보장이 없어도, 우리의 노고를 인정하지 않아도, 업적을 드러낼 기관도 없고 나이를 존중하지 않아도, 확신에 찬 사람들은 물론이고 언제든 우리 후배 중 누군가가 그 일을 완수할 것이라는 확신이 없어도 계속 나아감을 뜻한다. 사실 예리고 성의 기드온처럼, 당면 과제는 능력을 훨씬 넘어서고

자원은 턱없이 부족한 상태임에도 불구하고 그렇게 할 명령을 받았다. 확실한 것은 명령이 떨어지면 신앙으로 따를 수밖에 없다.

그러나 그 과정에서 우리는 혼자가 아니다. 세상 모든 민족이 번성하고 지구 자체가 생존하려면 더 적은 자원으로 더 많은 일을 하도록 요청받는 서구 세계는 그만큼 박탈의 고통을 겪을 수밖에 없다. 이 시대에 작아짐은 실패의 표지가 아니며, 죽음에 대한 슬픈 서곡이 아니다. 우리가 과학의 소리와 생태학자들의 경고를 믿는다면 그것이 새로운 삶을 구성하는 요소이기 때문이다. 사회에서 시도하는 작아짐의 덕을 수도자가 실천하지 못한다면 과거를 보전한다고 해도 수도 생활의 진정성이 의문시되듯이, 과거도 의문의 대상에서 벗어나지 못한다. 과연 우리는 무엇에 관여해 왔는가? 과거 모든 수련과 고행이 우리에게 정말 무엇을 가르쳤는가? 우리의 삶은 모두 어떠하였나? 한때 수도 공동체 여러 기관이 힘차게 발전하는 것을 경험했듯이, 현시대가 요구하는 작아짐의 수련에 응답할 수 없다면 확실히 절호의 기회를 놓치고 말 것이다. 어쩌면 수도 생활을 시작했던 그때, 다른 모든 순간을 초월한 하느님의 순간, 무엇보다 가장 엄청난 정화의 거룩한 때를 잃게 될 것이다. 옛 형태의 수도 생활이 실패했다는 점이 문제가 아니라 가장 값지고 진실하며 거룩할 수 있었던 순간, 다시 말해 성공 가능성이 거의 없지만 그렇게 하는 것이 옳고 하느님의 뜻이기에 우리의 전 생애를 봉헌하도록 요청받은 그 순간에 우리가 응답하지 못했다는 점이 문제가 될 것이다. 과거 수도 생활이 조금이라도 가치가 있었다면, 선조들보다 우리 수도자가 이러한 순간을 더 잘 맞이할 수 있었을 것이다.

쇄신되어야 할 신앙

어떤 것을 확립하는 일과 하느님께 완전히 내맡긴 채, 세운 것을 허물거나 포기하고 놓아 버리며 '모든 것을 새롭게 만드시는' 하느님 손에 의탁하는 신앙을 갖는 것은 다르다.

수도 공동체의 규모가 갑작스럽게 축소되면서 수도 생활은 새로운 통찰과 인식을 가지고 새로운 방식으로 살기 시작하는 기회를 얻게 되었다. 예를 들어, 수도 생활의 최근 역사를 보면 이전에는 선배가 얼마나 중요한지, 혹은 후배가 얼마나 유능한지 그렇게 분명하지 않았다. 그러나 지금은 모두가 소중하다. 모두가 유일한 선물이다. 모두가 곱절의 비중을 차지한다. 그 결과 전 세계 여러 수도 공동체에서 성숙도는 물론 지속적인 양성과 생활에 대한 의식이 증가하고 있다. 대규모 집단에 질서를 가져오도록 고안된 구조(메커니즘)인 소수의 대의원으로 이루어지는 총회와 엄격한 공동체 일과표, 기관 사도직 대신에 보다 인격적인 과정을 도입하고 개인에 대한 진정한 인식과 발견을 이룰 뿐 아니라 개인이 수도회와 사회에 끼치는 영향도 중요시하게 되었다.

부모와 같은 권위와 여성스러운 의존의 덕이 필요하다는 생각이나, 몸은 어른이지만 아이 같은 사람들의 활동을 통제할 필요가 있다는 등의 구시대적 사고는 그 빛이 바랬다. 대신에 언제나 하느님과 생명을 동시에 보면서 스스로 결정하고, 고도로 생산적이며 여성다운 여성성이 자리를 잡았다. 이 여성성은 낯선 이들이 모여 사는 세상에서 모범을 보이며, 수도 생활이 단순한 기능적 집단이 아니라 두려움 없는 카리스마의 집단이 되도록 고안된 고유의 결과물이라고 생각한다. 이제 더 이상 수도회가 운영하는 여러 기관이 우리 자신의 의미를 가늠하고 보증해 준다고 내세우며 그 명성 뒤에 숨을 수 없다. 이제는 수도 서원을 진지하게, 어쩌면 그 어느 때보다 더 진지하게 받아들여야 한다. 우리가 스스로 규정하는 신원과 정확하게 일치하는 존재가 되기 위해 많은 노력을 기울여야 한다. 사실 작아짐 덕분에 수도 생활은 다시 살아났다. 이는 비단 수도 생활 자체에만 해당되는 것이 아니다.

가난한 이들과의 연대에 관한 이야기는 우리 자신의 취약함을 알기에 연대를 존중하지 않을 수 없는 데서 시작한다. 수백만이 소외되어 홀로 괴로워하는 세상에서 수많은 회원으로 비대해진 수도 공동체가 안전하게 따로 떨어져 있다면 어떻게 자신이 구제하려는 가난의 의미를 알 수 있겠는가? 수도자가 무력함을 느껴 보지 못했다면 세상의 삼분의 이가 곳곳에서 무력함에 대해 분노하거나 절망하고, 무력함에 대해 좌절하거나 무력하게 살 수 밖에 없는 사람들의 상황을 이해할 수 없을 것이다. 여성들이 당하는 억압을 이해하지 못하는 여성은 억압 받는 이들과 하나인 척할 수 없다. 나이 듦이 미치는 영향을 전혀 모르는 사람은 나이 듦의 고통을 전혀 이해하지 못한다. 다시 말해, 작아짐은 수도자로 하여금 스스로 되고 싶다고 바라는 자, 즉 작은 이들 중의 하나, 단순한 이들 중 하나, 겸손한 이들 중 하나, 좌절한 이들 중 하나가 되도록 해 준다. 우리가 작아짐을 허용하고 받아들이며 작아짐이 지닌 영적 수련을 알아듣는다면 작아진다고 해서 수도 생활이 애들 장난처럼 되는 일은 절대 없을 것이다. 하느님의 무한함에 자신을 맡기고, 하느님의 전능한 현존 없이는 성공할 수 없는 일을 행함으로써 비롯되는 작아짐의 인식은 고통스럽지만 수도 생활을 다시 한 번 진정으로 변화시켜 줄 수 있다.

   여기서 한 가지 질문이 제기된다. 지체 높고 힘 있는 이들이 어떻게 다시 낮아지는가를 유심히 지켜보고 주시하는 주변의 가난한 이들에게 위로를 줄, 이 작음의 영성으로 수도자들은 과연 무엇을 할 것인가?

부정적인 효과

그러나 작아짐의 긍정적인 효과가 정화시켜 주고 활기를 부여하는 만큼, 부정적 효과도 만만치 않아서 현재가 주는 의미에 심각한 위협을 제기한다. 힘의 균형이 맞지 않고 모험이 너무 무모하게 느껴질 때 포기하기란 아주 쉽다. 그럴 때는 주변 체제에 복종하고 목적이 사라졌음을 인정하라는 유혹이 물밀듯이 밀려온다. 어차피 숫자는 감소할 텐데 힘들여 애쓸 필요 없다고 스스로를 합리화하거나 새로운 노력이나 시도, 기도 형태, 동기 부여, 사고 등에 냉소적이 된다. 혹은 현실 상황을 완전히 부정하며 또 다른 시대가 돌아오기만을 손 놓고 기다린다. 수도자가 살아가면서 닥치게 되는 심각한 순간이다. 필생의 투신을 헛되이 하는 것이다. 아니, 복음적 삶을 조롱하는 것이다.

주위에서 오래된 자원들이 부서지고, 옛 기관들이 열정과 영광을 상실하며, 예전의 사회 상황도 시들어 사라지는 것을 보면서 우리의 관점은 변화되기 시작한다. 사실 당연하고 수월하리라 여겨졌던 수도자의 투신(서원)이라는 삶의 노력은 예상보다 더 크고, 생각만큼 쉽게 받아들이기 어렵다. 새로운 에너지로 새로운 일을 시작한다는 생각은 뼛속까지 떨리게 한다. 엄청난 지원자 수와 크고 안정된 제도, 공적인 인정과 교회의 지지가 다 사라진 상태에서 우리가 누구이며 무엇을 하는가 하는 질문은 마음을 아프게 할 뿐 아니라 영혼도 메마르게 한다.

그러나 여전히 하느님과 함께 살아가고 있는 영혼들에게 현재는 중요한 순간이다. 작아짐은 그 어느 때보다 열심히 살도록 요구한다. 작아짐은 우리 자신이 되도록, 우리가 가진 것을 모두 내주도록, 하느님께서 우리 안에서 우리 힘과 비전을 훨씬 넘어서는 활동을 하고 계심을 알도록 이끌어 준다. 작아짐은 우리의 삶을 검토하고, 다시 시작하며, 우리 안에서 최선의 것을 끌어내어 지구라는 캔버스 여기저기에 흩뿌리고 다시 한 번 더 투신의 불꽃을 묻을 기회와 이유를 부여해 주고, 그렇게 하도록 요구한다. 우리 영혼의 큰 스승인 작아짐으로 말미암아 이 모든 일이 확실하게 된다. 다윗, 요셉, 룻, 에스텔, 유딧을 비롯해 이스라엘 백성이 바빌론 유배와 사막 생활을 거치며 그들 자신이 보다 더 큰 대의를 위한 존재임을 알았듯이 이제는 우리도 더 이상 우리 자신의 일에만 국한되어 있지 않음을 알고 있다. 그렇다. 작아짐은, 비록 작지만 신뢰하는 가운데 자신을 온전히 불타는 불꽃으로 만들어 다시 하느님께로 뛰어들게 한다. 그리고 하느님 안에서의 삶은 절대 죽음이 아니다. 그것은 영광을 초월하고 또 초월하는 영광이다.

번성할 때도 있고 쇠퇴할 때도 있겠지만, 한편은 언제나 다른 편에게 도움이 된다. 이에 대해 수도승들은 이렇게 이야기한다.

길을 가던 한 순례자가 수도승 차림으로 들에 앉아 있는 한 사람을 지나가게 되었다. 가까이 다가가 보니 남자들이 석조 건물에서 일을 하고 있었다.

"수도승이신가 보군요." 순례자가 말했다.

"예, 맞습니다."

"수도원에서 일하는 저 사람들은 누구입니까?"

"우리 수도승들이지요, 저는 수도원장입니다."

"오, 굉장합니다. 수도원 건물이 올라가는 모습이 정말 보기 좋군요."

"허물고 있는 중이랍니다."

"허문다고요? 왜요?" 순례자가 소리쳤다.

"수도원을 허물면 새벽에 동이 트는 것을 볼 수 있으니까요." 수도원장이 대답했다.

무엇인가를 잃는다는 것은 종종 쇄신한다는 뜻이 된다.

7. 손짓하는 하느님을 따름

　카를 슈르츠Carl Schurz는 "이상은 별과 같다. 우리가 결코 거기에 닿지 못해도 항해하는 선원들처럼 이상을 따라 나아갈 길을 계획한다."고 말했다. 다시 말해, 완전한 자유를 추구하는 것은 터무니없는 계획과 같다. 우리가 사는 작은 세상에 매어 있지 않고 주변 세계의 영향을 받지 않은 채 살려고 하면 삶이 자유롭지 못하다. 오히려 삶의 뿌리까지 위태로워진다. 누구나 기준으로 삼아 나아갈 자기 외부의 무엇이 필요하다. 그것이 없다면 어디로 가야 할지 모를 것이라는 이유만으로도 그러하다. 그것이 없으면 우리에게는 방향 없는 에너지, 영혼의 혼돈이 자리하게 될 것이다.

　현재의 수도 생활이 직면하는 문제 중 가장 중요하면서도 다루기 힘든 것은 어쩌면 충실함(혹은 성실함)에 대한 질문일지도 모른다. 빠른 변화가 보편적으로 일어나는 문화에서, 세계를 무대로 움직이는 것을 당연시하는 세상에서, 직장을 서너 차례 옮기거나 재혼하는 것이 일반적인 사회에서 충실함이라는 개념은 그 의미가 바로 와 닿지 않는다. 오늘날 충실함과 같은 것이 정말로 있을까? 있다면 무엇을 위해?

이러한 질문은 사회가 변하고 선택의 한계가 없는 문화 때문에 생겨난 새로운 질문으로 여길 수 있지만, 조금만 숙고해 보면 변화야말로 다른 무엇보다 더 영성 생활의 본질임을 깨닫게 된다. 영혼(사람)은 현재에 대한 내성을 부과하고 시험하는 변화의 결과로, 또 우리를 위해 하느님이 계셔야 한다고 생각하는 곳이 아니라 하느님이 계신 곳에서 하느님을 발견할 수 있는 능력의 결과로 성장할 뿐이다. 정신과 마음과 희망과 통찰이 변화되면서 우리는 자신의 삶에 대한 거짓 확신을 거듭해서 다 가려내어, 어떤 것은 간직하고 어떤 것은 변경하며, 한때 확실하고 절대적이며 우리 영혼의 양식이 되어 온 여러 개념을 버려야 한다. 이 시대 수도자들에게 있어서 계속 나아갈 이유, 아니 실로 존재의 이유를 되찾는 과정은 오랫동안 끊임없이 지속되고 있다. 그러면서 충실해야 할 대상과 이유에 대한 질문, 지속적으로 주의를 기울여야 할 강력한 질문들이 꼬리를 물고 제기된다.

확실한 사실 한 가지는 우리가 한때 충실하다고 여겼던 것이 진짜가 아님이 밝혀졌다는 것이다.

충실함

충실함이란 과거를 고수하며 한때 의도는 좋았으나 충분한 통찰이나 미래에 대한 경험 없이 내린 결정에 대해 영원히 책임져야 함을 의미한다는 생각은 급변하는 사회와 함께 사라졌다. 현재와 같은 시대에 과거에 마음을 쏟는 일이 결정적인 정당화는 되지 못한다 해도 이상한 것을 숭배하는 것이기는 하다. 과거에 몰두한다고 해서 거룩한 것이나 현재 우리가 직면하는 도전, 현재의 장소에서 요구되는 사항들을 당연시해야 하는 것은 아니다. 사실 모두가 알고 있다. 과거에의 충실이라는 명목으로 시대의 흐름을 거부하는 사람은 '좋았던 옛 시절'이 지나간 세상에 기여하는 바가 하나도 없다. 중요한 것은 '과거에 무엇에 충실해야 했나?'가 아니라 '현재 무엇에 충실해야 하는가?'이다.

한편 지나친 변화는 우리의 삶을 떠받치고 변화를 가능하게 하는 모든 생각을 불안정하게 할 위험이 있다. 변화가 역사를 주도하면 모든 것이 의심스러워지고, 타협 못할 것도, 당연한 것도 없게 된다. 성스러운 것도 없다. 기준으로 삼아 나아갈 것도 없고, 의지할 것도, 확실한 것도, 지킬 것도 없다. 심각한 소요가 일어난다. 삶의 목적의식을 상실함으로써 혼돈 상태(아노미 현상)가 영혼을 잠식하기 시작한다. 무슨 일이든 가능하다는 열의가 가능한 것이 하나도 없다는 예감으로 바뀐다.

역설적으로 들리겠지만, 변화는 불변이라는 개념을 전제로 한다. 우리는 집이나 의복, 일이나 일하는 방법 등 생활의 외적인 면을 모두 바꿀 수 있지만, 자신의 신원과 소명에 대한 내적 정의가 변치 않는 한, 여전히 충실할 수 있다. 자녀가 부모보다 먼저 죽는다고 해서 결혼이 자동적으로 해소되지는 않는다. 사복 경찰이라고 해서 더 이상 경찰이 아닌 것은 아니다. 수도 생활을 하면서 사도직이나 삶의 형식, 일과 등 살아가는 방법이 변한다고 해서 수도 생활이 아닌 것도 아니다. 의식적인 변화의 성공 여부는 변화 과정 중에 어떤 일, 가령 중요한 일들은 전혀 변하지 않는다는 사실, 무엇인가가 아직까지 우리에게 안정을 준다는 사실, 그리고 주변 세상이 아무리 변해도 우리가 확고한 기반 위에 서 있다는 사실에 달려 있다. 그리고 정확히 바로 그 지점에서 진정한 충실함이 시작된다.

충실함은 변화를 거부하는 데 있지 않다. 영원은 항구함의 동의어가 아니다. 충실함은 우리가 항상 도달하고자 노력해 온 이상을 성취하기 위해 언제나 우리 행동의 동인이 되어 온 이상으로부터 우리를 이끌어 내는 데 필요한 변화는 무엇이든 이루는 데 있다. 가난한 이들을 위한 봉사가 수도회 설립의 이상인 경우, 아무리 유서 깊은 일이었다 해도 수도회가 아닌 다른 곳에서 가난한 이들을 위한 봉사를 충분히 하고 있음을 알게 되면, 사도직을 변경하는 것이 오히려 수도회 카리스마나 그것을 반영한 개인의 카리스마를 충실히 살리는 것이 된다. 충실함은 우리가 온전함으로 나아가는 과정에 자신의 가장 참된 부분을 드러내 준다. 자기 자신과 나아가는 데 기준이 되는 고무적인 이상에 충실함으로써 온전함에 이르게 된다는 의미는 우리가 반드시 되어야 할 바가 되지 못했을 때라도 충실함 때문에 그렇다고 핑계를 댈 수 없다는 것이다.

그러나 진정 충실함이 요구하는 것이 우리에게 방향을 제시하고 우리를 규정해 주는 그러한 가치에 꾸준히 헌신commitment하는 것이라면, 마치 천연 자석처럼 영혼의 중심부에 자리 잡고 또 다른 모든 것들을 초월하면서 우리의 진정성을 재는 가치에 꾸준히 헌신하는 것이라면 철학적으로 명백한 사실이 보다 불길한 소리를 내며 울리기 시작한다. 사실 우리는 수도자가 되기 위해 수도 생활을 시작하지 않는다. 하느님을 추구하고자 수도 생활을 시작한다. 그리고 그것이 사실이라면 수도회에 입회해서 오롯한 마음으로 하느님을 추구하고 자신의 삶을 통해 성공적으로 하느님을 추구할 수 있을 때 비로소 참수도자가 될 수 있다. 수도 공동체가 지금 복음을 위해 마땅히 있어야 할 바를 있게 하는 대신에 수도회 자체를 위해 존재하던 것을 유지함으로써 충실함의 개념을 왜곡한다면 수도 공동체가 충실하기를 그친 것이지 그렇게 하도록 부추긴 회원들이 충실하기를 그친 것이 아니다. "교회 자체가 우리 구원에 장애가 된다면, 우리는 교회를 떠나야 할 것이다."라고 토마스 아퀴나스는 쓰고 있다. 이것이 충실함의 정수이다. 즉, 우리 안의 최상의 것을 불가능하게 하는 것은 무엇이나 기꺼이 포기하는 것이다. 영원히 추구할 가치가 없거나 지속적으로 보존할 가치가 없는 것을 영구적으로 존재하게 하는 것은 덕이 아니다.

충실함은 장소의 안정이 아니라 마음의 안정이다. 충실함은 평생을 영원히 나침반을 벗어나 살 위험을 무릅쓰면서까지 놓치지 않으려는 별을 따라 가야 할 곳이라면 어디든 간다. 충실함은 온전히 살아남기 위해 기꺼이 변화하고자 함을 의미한다.

비극적인 사실은 세월이 흐르면서 충실함의 개념을 왜곡해, 마치 도덕적 완전함이나 영원함이 있는 듯 여겨 왔다는 점이다. 서원이 마치 흔들리는 선반 위의 깨지기 쉬운 유리잔이라도 되는 듯 그것을 '깨지' 않는 것이 서원에 충실함을 의미하게 되었다. 그러한 가르침에 함축된 충실함은 결코 명령(지시)에 망설이지 않고, 물건을 욕심내지 않으며, 인간적 사랑이라는 짐이자 축복과 씨름하지 않고, 이의를 제기하지 않으며 진정한 헌신에 대해 대가를 지불하지 않음을 의미했다. 그렇게 서글프고 축소된 개념이 되어버린 충실함은 자신과 자신에 대한 질문, 여러 가지 노력, 스스로 온전해지기 등에 충실할 가능성을 절대 허용하지 않는 여러 규칙을 지키는 것이 되어 버렸다. 충실함은 상처를 입기도 하고 두렵기도 한 과정을 한 번에 한 단계씩 겪으면서 어른으로 성장해 가는 것이라기보다 영원한 사춘기, 즉 인간 발달을 압류당한 상태에 투신commitment하는 것으로 규정되기 시작했다. 그렇게 복잡한 과정에 함축된 모든 시행착오를 거치면서 성장하는 것은 기뻐할 이유라기보다 근심하며 무시해야 할 문제가 되었다. 그러나 확실히 그러한 것은 인간 본성과 인간의 선 양쪽 모두에 대해 제대로 이해하지 못한 것이라고 하겠다. 아니 다윗은 분노와 욕망으로 가득 찬 존재임에도 불구하고 분노와 욕망을 넘어서 다윗을 부른 하느님께 충실하지 않았던가? 나약함과 소심함으로 말미암아 시련을 겪어야 했던 요나도 결국에는 그런 문제가 없었던 사람들보다 야훼께 더 충실하지 않았던가? 하느님께서 요나로 하여금 니네베 사람들에게 가라고 명령하셨을 때 요나는 자신이 원치 않는 일이었기에 타르시스로 가는 표를 먼저 구해 완전히 반대 방향으로 갔다. 그것은 언뜻 보기에 충격적일 만큼 불충해 보이는 반응이었다. 그러나 결국 요나는 바로 타르시스에서 자신의 삶을 통해 얻은 주요한 교훈인 하느님으로부터 달아나는 것이 불가능하다는 교훈을 발견했다. 베드로는 자신의 안전과 신분을 지키고자 그리스도와 아무런 상관도 없다고 했기 때문에 더 충실하지 않았던가? 사실 베드로는 잠시 다른 길을 따르다가 비로소 자신이 따르기로 고백한 그리스도에 비해 스스로가 얼마나 작은 존재인지를 발견했다. 분명한 사실은, 우리 안의 하느님이 커지는 과정에 충실한 것과 일종의 합법적인 '완전함'이나 '약속(투신, commitment)'의 성취는 동일하지 않다. 사람은 모두 살아가면서 여러 가지 우여곡절을 겪고, 그러한 굴곡을 통해 결국은 각자가 지향하는 지점인 하느님의 마음과 우리 마음에 있는 하느님께로 나아가게 된다.

충실함이란 그 자리에 서 있는 것이 아니라 보다 온전한 마음과 확신에 찬 영혼으로, 보다 명료한 정신과 정직한 행위로 우리를 이끌어 마침내 가장 깊은 자기 속에서 어떠한 별이 진정으로 우리를 인도해 주는지 알도록 끊임없이 움직이는 것이다. 이는 놀라운 생각이다. 충실함은 이상을 성취하거나 유지하고자 할 때 우리가 어디에 있든 그곳으로부터 꼭 있어야 할 곳으로 우리를 부르는 확고한 이상으로 인해 사는 내내 자유롭게 움직이는 능력이다. 충실함은 절대 잘못을 저지르지 않는 상태가 아니다. 오히려 한 가지 잘못에 절대 머물러 있지 않는 상태이다. 모세가 이집트인을 죽였을 때 '충실'한 것인가? 다윗이 우리야의 아내를 취했을 때 '충실'한 것인가? 충실함이 곧 완전함과 같은 뜻이라면 전혀 충실했다고 볼 수 없다. 하지만 충실함이 어떠한 것도 당연시하지 않고, 투쟁이 끝날 때까지 애쓰며 끝까지 살아 내는 것이라면 모세와 다윗은 분명 충실했다.

궁극적 가치를 묻다

 충실함은 살면서 마주치는 모든 것, 무엇보다 우리 자신과 우리가 하는 모든 일의 궁극적인 가치를 질문하도록 요구한다. 충실함은 공중에 매달린 채 정지해 보이는 기교가 아니다. 충실함은 우리가 충실성을 시험할 때 우리로 하여금 생각하고 결정하며 앞으로 가능한 존재와 현재의 존재 그리고 궁극적으로 원하는 존재 사이에서 선택하도록 해 준다.

 영적 생활은 선택의 순간에 성장을 멈추는 데 있지 않다. 충실함은 우리로 하여금 거듭 선택하게 함으로써 성장을 가능케 한다. 그리고 살면서 이 길과 저 길을 함께 이어 가며, 혼란스럽고 유혹하는 듯 보이는 현재를 매개로 우리가 창조된 목적에 이르게 한다. 물론 가끔 실패하기도 한다. 그러나 그 실패를 통해서 삶에 대해 정말 알아야 할 것을 배우게 되는 경우가 종종 있다. 좋기도 하고 나쁘기도 한 일들 사이에서 계속 충실하게 선택해 나감으로써, 우리는 단순히 적당한 것이 아니라 우리에게 더 나은 것에 항상 투신할 수 있게 되고, 충실함을 철저히 단련한다.

 투신은 삶에서 정체된 것을 빼낸다. 다른 무엇이 아닌 특정한 하나에 투신함으로써 우리는 방향을 잡아 나갈 기준을 얻고, 그에 맞는 공간도 얻는다. 투신은 우리가 원하는 존재가 되도록 해 준다. 투신을 통해 자신은 물론 다른 사람들에게도 책임을 지게 된다. 투신은 우리가 타고난 근성을 시험한다.

한 가지를 위해 선택하고 나면, 우리는 거리낌 없이 자신의 선택을 통해 스스로를 시험하고 확장해서 최선의 자기가 되게 할 수 있다. 투신은 우리에게 길을 보여 주고 집중하게 하며, 좋은 것들 중 서로 상반되는 기대치를 갖고 있는 여러 가지를 선택해야 할 때 혼란을 겪지 않게 해 준다. 다시 말해, 투신은 우리 영혼이 불로 단련되고 삶으로 타올라 완전히 성장할 때까지 자기 자리에 있도록 해 준다.

투신하는 데는 사회적 목적뿐 아니라 개인적 목적도 있다. 살면서 배워야 할 것을 익히기 위해서 우리는 살기 힘들어지거나 우리에게 뭔가 내놓으라고 요구하기 시작할 때, 또 우리가 줄 수 있으리라고 예상한 것보다 훨씬 많은 것을 요구할 때 삶으로부터 도망치지 않아야 한다. 충실함은 우리가 그곳에 있었다고 말하기 위해 제자리를 지키는 것이 아니다. 충실함은 삶이라는 그릇을 구워 내는 옹기장이의 가마와 같아서, 그 속에서 열과 불로 단련된 우리가 전혀 상상하지 못한 빛나는 모습으로 변화되는 것이다.

따라서 충실함은 시도해 보고 나서야 비로소 충실했는지 여부를 알 수 있다. 충실하지 않은 경우, 정확히 무엇을 놓쳤는지 분명히 이해한 후 다시 같은 일을 선택할 수 있게 되는 순간, 진정한 충실함은 생겨난다. 미국의 만화가 킨 허버드Kin Hubbard는 "더 이상 시도하지 않으면 실패도 없다. 내면에서 패배를 느끼기 때문에 패배가 있는 것이고, 선천적으로 목적의식이 약한 경우를 제외하고는 정말 뛰어넘지 못할 장애물은 없다."고 말했다. 추구의 함정이 무엇이든지 목적에 충실하면 삶은 매일 일어나는 기적이 된다.

역사상 이 시기 수도자들에게 충실함은 세상에 존재하는 새로운 방법을 기꺼이 찾아, 거짓되고 다양한 여러 신이 존재하는 사회에서 하느님, 오직 하느님만을 섬기려는 오래된 갈망을 새로이 되살리는 것이었다. 어느 시대의 수도자이든 충실함이란 지나간 형태의 생활 양식이나 완전함에 대한 과거의 기준이나 예언적 가치가 사라진 과거의 갖가지 의무에 대한 맹목적인 맹세가 아니다. 우리 자신뿐만 아니라 다른 이들의 인간 성장에 역효과를 내거나 영적 생활에 더 이상 자양분이 되지 못하는 영적 수련의 유지는 가장 불충실한 방법으로 충실함을 거스르는 죄를 짓는 것이다. 우리가 충실해야 할 대상은 손짓하며 부르시는 하느님이다. 그분은 우리보다 먼저 인간 역사 속으로 들어와 상처를 치유해 주시고, 모든 이들이 보도록 우리 안의 선함을 불러일으키시고 우리도 같은 일을 하도록 초대하신다.

충실함과 인내

충실함과 인내는 상반된 개념이다. 내가 더 이상 좋아할 수 없는 것이나 충만한 삶을 사는 데 도움이 되지 않는 것을 견뎌 낼 수 있음을 단지 스스로 입증하고자 좋지 않은 것을 견딘다면, 하느님을 추구하는 나 자신은 물론 누구에게도 유익이 되지 못한다. 충실함은 고통 그 자체를 위해 침묵 중에 견디는 생활 양식이 아니다. 열정적으로 진정한 자신의 삶을 추구할 때 때로는 고통스럽기도 하지만, 모세와 다윗과 요나가 그랬듯이 우리 자신이 얼마나 작은지를 아는 데 어떠한 대가가 따르든 기꺼이 그 값을 치르고자 하는 마음으로 살아갈 때 진정 자신에게 충실한 것이 된다. 잘 살아 낸 인생은 그 대가에 상응한다.

오늘날 충실함이 힘든 이유는 어디에 충실해야 하는지 제대로 결정하거나 정의하지 못하기 때문이다. 오래 전에 전성기가 지나고 사라진 지 한참 된 수도 생활의 모습을 마지못해 시늉해 보지만, 하느님을 찾아 이 시대로 모셔 올 정도의 수도 생활을 해내자면 믿음이 더 필요하다. 그런데 수도 공동체에 얼마나 투신하느냐에 따라 우리의 충실함이 측량되는가? 완전함이라는 미명하에 과거에 집착하는 대신에 새로운 질문에 대한 새 답을 찾는 과정에 임해야 할 교회의 교의에 얼마나 동의하는가에 따라 충실함이 설명되는가? 마치 예수님이 나환자와 죄, 여성과 생명, 사제와 백성, 하느님과 바리사이에 대해 새롭게 생각하지 않았다는 듯, 지구에 사는 생명의 미래와 교회에서 말하는 참된 생명을 규정할 여러 가지 질문들, 즉 낙태, 안락사, 핵무기, 교황권, 평등한 협력, 성차별, 난무하는 과학 등의 문제에 대해 세상의 사고처럼 생각하지 않을 때 우리가 내미는 것이 충실함인가?

사실은 그 반대이다. 나면서부터 충실해야 할 대상은 제 아무리 주장하는 바가 숭고해도 제도는 결코 아니다. 충실함은 종교보다 신조가 더 편안하고 그리스도보다 교회와 더 친숙하다. 정의보다는 자선에 더 치중하고 평등보다는 억압에 더 몰입해 있다. 기쁜 소식 자체의 해방을 가져오는 힘보다는 성경 본문에 나오는 여성 대명사를 불법으로 여김으로써 가부장 위주의 신앙을 유지하는 데 더 급급한 세상에서 오직 하느님의 마음과 복음의 열정적인 현존만을 추구하면서 말 그대로 한 단계와 한 장소와 한 프로젝트에서 다른 단계와 장소와 프로젝트로 차츰 나아간다. 사실 충실함이 우리에게 해가 되지 않도록 무엇에 충실하고 있는지를 주의 깊게 지켜봐야 한다.

시인 월터 스코트는 "눈으로 조각상을 만들어 놓고 녹아 버리면 슬퍼한다."고 쓴 바 있다. 충실할 때는 착각하지 않는다. 석탄을 지켜야 하는 시기에 무엇을 해야 하는지를 놓쳐 버리는 것은 우리가 정말로 알지 못했기 때문이거나 안다 해도 그릇된 것에 충실했기 때문일 것이다. 이 시기에 수도 생활에 충실함이 의미하는 바는 어떠한 체제에서나 확실히 신비(성사의 신비)에 성실히 참여하고 추구한 것이다. 안주한 채 하찮게 여기거나 타성에 젖는 것을 계속적인 투신으로 혼동할 일은 아니다. 방향을 바꾸지 않는다고 해서 어떤 일에 성실하다고 할 수는 없다. 오히려 반대이다.

충실함은 성실하게 신의를 보이시는 하느님께 대한 우리의 응답이다. 성실하게 신의를 보인다고 해서 하느님이 변화를 거부한다는 뜻은 아니다. 단지 마음의 고향으로 나아가는 길에 방향이 바뀌거나 변화가 생겨도 하느님은 우리와 함께하신다는 뜻이다. 살면서 어떠한 변화가 생기든 그 변화가 요구하는 바는, 그 모든 변화 가운데서도 하느님과 함께하고, 하느님 안에 머물며, 변화 속에서 우리 삶을 비롯해 살면서 일어나는 모든 변화의 근간인 하느님을 찾아야 함을 의미한다. 충실함은 판단력이 우리를 지탱하지 못할 때 우리를 지탱해 준다. 우리가 노력을 기울인 대상이 그만한 가치가 없어졌음을 주변 정황을 통해 알게 되었을 때 우리는 충실함에 의존하게 되고, 바로 그 충실함을 통해 더 이상 나아갈 수 없는 일도 해낼 수 있게 되는 것이다.

충실함과 고집

 그러므로 충실함과 고집을 주의 깊게 구분해야 한다. 충실함은 이를 악물고 버티기 위해서 견디는 일이 아니다. 충실함이란 자신이 투신한 대상이 아무것도 되돌려 주지 않는 듯 보일지라도, 그것이 여전히 우리 삶을 바칠 만한 가치가 있고, 길을 안내하는 별로 남아 있으며, 우리에게 살아 계신 하느님을 향해 나아가게 한다면(값싼 복제품이 아니라) 우리가 바라는 존재가 되도록 작업을 지속하고 투신하는 것이다. 우리가 충실해야 할 대상은 충실하게 신의를 지키는 하느님이심을 늘 기억하는 것이 중요하다. 우리는 어떤 대상 자체를 위해서 충실해서는 안 된다. 그렇게 되면 충실함 자체가 우상시되고 낙담할 수 있으며, 그것은 가짜 충실함이 된다.
 만물이 변하고 부패하며 고장이 나고 죽는 것은 엄연한 사실이다. 우리는 사라지지 않는, 북극성처럼 평생 우리를 이끌어 주는 것을 탐색하고 그러한 추구에 충실하고자 투신하는 것이다.
 수도자에게서 뿌리 뽑아야 할, 충실함에 장애가 되는 것들이 있다. 우선 완고함이다. 변화하지 않으면서 쏟는 변치 않는 투신은 성령 앞에서 사라진다. 이밖에도 우리의 발전을 가로막거나 저지하며 생을 마감케 하는, 제대로 삶을 살지 못하게 하는 것들이 있는데, 무성의도 그중 하나이다. 우리가 해야 할 몫을 다하지 않거나 기도하기를 멈출 때, 노력도 하지 않고 삶에 있어서 더 이상 꿈도 꾸지 않을 때, 그것은 곧 불충실이다. 이와 달리, 성령의 현존을 추구하는 데 투신함은 살아 계신 하느님께 곧장 나아가는 길이다. 그 길을 걸어가야 한다. 그 길임을 더 이상 믿지 않을 때 그것이야말로 가장 심각한 불신이다. 마음 깊은 곳에서 반드시 해야 한다고 알고 있는 일을 단지 계속하는 것이 힘들어졌다는 이유로 방향을 바꾸는 것은 충실함이 아니다.

높은 데에 시선을 두지만 그곳에 도달하기 위해 질척한 평지를 힘들게 걷는 것도 마다하지 않는 충실함의 결실은 한마디로 설명될 수 없다. 그 결실은 춤추고 노래한다. 그 결실은 완고함으로부터 자유로워지는 것이고, 신선한 사고이자 하느님께 대한 믿음과 곤경 속에서도 불굴의 정신을 잃지 않는 것이다. 충실함은 위기 중에 기꺼이 견뎌 내고, 진의를 간파하며, 그럴 만한 가치가 있기에 그 일을 해내고자 하는 마음이다. 충실함은 때때로 아무리 힘든 일이라도 그것을 하지 않으면 나답지 못하기에 계속 행하는 것이다. 사막 수도승의 금언집에서는 그러한 주제와 관련해 암마 Amma 신클레티카가 인간의 삶에 있어서 충실함의 역할을 분명하게 가르쳐 주고 있다. 암마는 제자들에게 다음과 같이 가르친다. "어떤 공동체에 살게 되면, 다른 곳으로 옮기지 마십시오. 크게 해로울 것입니다. 새가 알을 버리고 떠나면 절대 알을 부화할 수 없습니다. 마찬가지로, 수도승이 이리저리 옮겨 다니면 신앙이 식고 사라지게 됩니다." 신앙이 식고 사라지면 모든 삶이 무감각해진다. 신앙 안에서 열정적으로 살아가는 것이야말로 수도자가 지녀야 할 충실함의 목적이다.

기적은 하느님이 홍해를 가르신 것이 아니었다. 오히려 물이 갈라졌을 때 이스라엘 백성들이 믿음을 가지고 기꺼이 물기둥을 통과해 걸어갈 정도로 충실한 점이 기적이다. 우리의 과제 역시 그러하다. 믿음이 있는 사람은 가능성으로 충만한 미래를 받아들이라는 현재의 도전을 포함해 그것이 지닌 두려움을 넘어 나아간다. 충실하면 두려워할 것이 하나도 없음을 안다. 이것이 하느님의 세상이다. 현재 우리 각자의 삶이 지닌 여러 가지 질문과 변화는 하느님의 일이면서 우리의 일이다. 과거에의 충실을 명목으로 그런 질문과 변화를 무시하면 그저 불충실만 극에 달할 뿐이다. 서약으로 후퇴하는 것(반드시 되어야 할 바를 피하려고 과거에 집착하는 것)에는 겁쟁이가 져야 할 십자가가 있다.

우리가 알던 세상이 무너지고 살아온 삶이 더 이상 아무 도움이 되지 않을 때 충실함으로 말미암아 새롭게 떠오른 질문들은 새 상황으로 나아가거나 과거 속으로 더 깊이 들어가라는 초대로 볼 수 있다. 곧 우리를 성장으로 이끄시는 하느님의 초대이다. 그 성장에로의 초대에 스스로를 내맡기지 않으면 우리는 평생 미숙한 존재가 되고 만다.

충실함은 우리로 하여금 추구 자체에 진실하고 그 여정 내내 멈추지 않도록 요구한다. 시인 제임스 러셀 로웰James Russell Lowell은 삶에서 충실함이 어떤 역할을 하는지를 잘 이해했다. "실패하는 것이 아니라 목표를 낮게 세우는 것이 잘못이다." 논리적 결함 없이도 사회적 인정이나 개인적 안위를 위해 삶의 여러 문제들을 거부한다면 아무리 자신이 충실하다고 주장할지라도 진정으로 충실한 것이 아니다.

테오판 보이드Theophane Boyd는 「Tales of a Magic Monastery(신비한 수도원 이야기)」에서 영적 생활이 어떠한 것인지 비유로 이야기한다.

나는 온전히 하느님께만 자신을 바치려는 단 한 가지 열망으로 수도원에 들어왔다.

어떤 노승이 물었다.

"자네가 원하는 것이 무엇인가?"

"하느님께 제 자신을 바치고자 합니다."

그 노승은 자상한 아버지 같기를 바라는 나의 기대를 저버리고 오히려 내게 소리쳤다.

"바로 지금 그렇게 하시게!"

나는 깜짝 놀랐다.

노승이 다시 소리쳤다.

"지금!"

그런 다음 몽둥이를 들고 나를 쫓아왔다.

나는 돌아서서 뛰었다.

노승은 몽둥이를 휘두르며 "지금, 지금이라고!" 소리치면서 계속 쫓아왔다.

그것이 몇 년 전의 일이다.

그분은 여전히 내가 가는 곳마다 몽둥이를 휘두르며 항상 똑같이 소리친다.

"바로 지금!"

충실함과 믿음이 생명의 힘과 만나는 지점은 바로 지금이다. 둘 중 어느 하나를 거부하는 수도 생활은 진정한 수도 생활이 될 수 없다. 이곳에서 우리는 씨름하고 성장한다. 이곳에서 우리는 삶에 무관심하다고 주장하며 계속되는 삶의 여러 문제를 피하고, 영혼을 마비시키는 것을 덕이라고 주장하며 고정된 고치 안에 웅크리고 있을 것이 아니라 과정의 도정에 있어야 한다. 그리고 이 모든 것을 늘 새로운 하느님의 이름으로 행해야 한다.

8. 불꽃이 되기

전승에 이런 이야기가 있다. 어떤 사람이 압바 안토니에게 물었다. "하느님을 기쁘게 해 드리려면 제가 무엇을 해야 합니까?" 압바가 대답했다. "잘 듣게나. 어떤 사람이든지 늘 하느님을 눈앞에 모시고, 무엇을 하든지 성경이 증언하는 바에 따라 행하며, 어디서 살든지 그곳을 쉽게 떠나지 말게. 이 세 가지 가르침을 지키면 구원받을 걸세."

이 이야기는 쉽게 지나칠 수 있는 수도 생활의 몇몇 차원을 포착하고 있다. 수도 생활은 하느님을 찾고, 복음을 실천하며, 이 두 가지를 계속해서 추구하는 것이다. 수도 생활은 오직 한마음으로, 살아 있는 하느님 나라를 추구하는 일에 마음을 모으고 정신을 집중하며 영혼을 안정시킨다. 주변 세상이 수도자의 헌신을 어떻게 보든지, 어떠한 상황에서든 수도 생활과 수도회를 구성하는 회원을 혼동해서는 안 된다. 무엇보다도 수도 생활은 사회봉사의 근거지를 제공하고자 단순히 조직된 교회 기구와 같은 제도가 아니다.

사실 사회봉사 그 자체로는 수도자의 헌신을 불러일으키지 않는다. 물론 사회봉사를 통해 수도자의 헌신을 드러내고, 완수하는 것은 사실이다. 수도자의 헌신을 진정한 것이 되게 하지만 그 헌신을 불러일으키지는 않는다. 또한 수도자의 헌신의 기초가 되기는 하지만 그 자체를 규정하지 못한다는 뜻이다. 수도 생활은 매우 인격적이고 인간적이며 영적이고 삶에 전적으로 몰두하게 하는 것이다. 그렇지 않다면 단지 자격을 갖춘 전문가이거나 그 일에 고용된 사람, 혹은 단기간 봉사하도록 공개 모집한 사람에 불과할 수 있다. 그러나 현실적으로는 수도 생활이 맞는 사람이 있고 맞지 않는 사람이 있다. 맞지 않는 사람에게는 성화, 충실성, 헌신 등에 대해 세상이 이야기하는 바가 전혀 큰 변화를 가져오지 못한다. 그에게는 합당하지 않기 때문이다. 그러나 수도 생활이 잘 맞는 경우에는 어떠한 변화도 그 기운을 꺾지 못한다.

당연한 말이지만, 수도 생활은 교회 전문가를 고용하기 위해 고안된 체제가 아니다. 수도 생활은 생활 양식으로서, 세상에서 그리스도인이 오랜 세월 지속해 온 방식이다. 수도 생활은 여러 가지 그리스도인의 생활 양식 중 한 형태에 불과하다. 다만, 수도 생활 나름의 양식을 지닌다. 즉 다른 생활 양식과 달리, 그리스도를 따르는 데 헌신하며 삶의 신비에 대한 열정을 지닌 사람들에게 적합하게 고안된 수도 생활은 기쁜 소식 자체인 예수님과 예수님께서 우리를 구원하시고 보살피신다는 복음을 헤아리고 선포하는 일에 혼신의 힘을 다한다. 우리 모두와 만물, 곧 인간과 지구 전체를 위해서, 언제나! 그리고 세상에의 봉사뿐 아니라 세상 속에서 모국어로 복음을 말하는 충실한 현존이 됨으로써 그렇게 한다.

수도 생활은 한 사람의 삶에 기록된 온전한 창조 이야기이다. 수도 공동체에서의 생활이 세상살이에서 오는 스트레스가 없는 삶이 되리라고 낭만적으로 생각하거나 어리석게 기대하는 사람은 수도 생활에 대해 거의 모르는 것이고 공동 창조에 있어서 인간 측의 책임이 무엇인지도 잘 모르는 것이다. 이런 사람들은 마귀를 쫓고 바리사이들에게 도전거리를 던지며 유혹을 겪고 최소한의 압박에도 쉽게 무너지는 사람들을 들어 높이는 복음서를 신화로 만들어 버린다. 수도 공동체에서 이루어지는 생활에는 앞서 열거한 모든 일이 일어난다. 수도 생활을 하러 오는 사람은 자신의 영혼이 지닌 악의 요소는 물론, 도전의 필요성과 유혹에의 완강함과 나약함 등을 다 가진 채 온다. 그러나 수도 생활을 시작하려는 사람은 자신으로부터 도망치려는 사람이 아니다. 그들은 전력을 다하여 살고, 당당히 삶에 맞서며 철저히 살고자 나선 이들이다.

수도 공동체에서 살아가는 그리스도인의 생활은 온전히 살아 있기를 원하는 사람들을 위한 삶이다. 영적으로 반쯤 마비된 듯, 심리적으로는 무디게, 주변 세계에 둔감한 삶을 살고자 선택한 사람들을 위한 삶이 아니다. 삶 본연의 모습으로 돌아가 낯선 이들로 가득 찬 삶에 투신하며 영적 삶이 지닌 여러 물살과 국면 속에서 유영하며 그 속에서 무형의 믿음이 내는 작은 소리에 반응한다. 그러한 수도자는 논쟁의 여지도, 자기 이해도 없는 영적 고립 속으로 반혼수상태가 되어 유랑하지 않는다. 오히려 인간적으로 몸부림치면서도 희망으로 가득 찬 삶을 산다.

수도 생활을 사람들로부터 벗어나기 위한 방편으로 삼고자 한다면 그것은 버림받은 이들과 피난처를 찾는 사람들로 가득 찬 세상에서 헛되이 자신을 보호하려는 것이다. 우리는 자신이 전하는 복음에서 멀어지고자 수도 생활을 시작하지 않는다. 누군가가 해야 할 일이라면, 수도자야말로 버림받은 이들, 최후의 가장 힘들고 야비한 한 사람까지도 자기 삶 속으로 받아들여야 한다. 안전하게 행복을 누리면서 가난한 척 살아가려고 수도 생활을 하지는 않는다. 오히려 수도 생활은 우리 하나 하나를 함께 또 따로 생의 본질에 이르도록 완전히 벗겨 놓는다. 그리고 마침내 만물을 초월하여 만물로 채워질 수 있게 해 준다. 우리는 우유부단하거나 누군가의 지시 없이는 제 역할을 다할 수 없기 때문에 수도 생활을 하러 온 것이 아니다. 다른 사람들과 함께 우리 자신의 목소리가 아닌 성령께 귀를 기울이기 위해 수도 생활을 하는 것이다. 수도 생활이 쉽지는 않지만 그렇다고 비현실적이거나 공상적이거나 별난 것도 아니다.

전 생애를 건 삶

수도 생활을 하는 데는 우리 삶의 모든 면이 요구된다. 수도 생활에는 은수자의 마음과 산악 등반가의 영혼, 사랑하는 사람의 시선과 치유자의 손길, 랍비의 정신이 필요하다. 수도 생활은 그리스도의 삶 속으로 온전히 들어가야 하고 오늘날 복음적 삶이 지닌 의미에 완전히 초점을 맞추어야 한다. 수도 생활은 타는 듯한 현존을 추종한다. 어쩌면 거기서 잘못이 비롯되었는지도 모른다.

13세기 이전, 교회법이 급속히 발전하기 전 수도자들은 온전히 영적인 삶을 살고, 삶의 선택에 있어서 오직 하느님만을 향하며 세속적인 세상 속에서 올바른 정신으로 남아 성경이 말하는 사람이 되고자 일정한 틀 없이 주로 비공식적인 서약을 하였다. 수도자는 하느님을, 오직 하느님만을 추구했고, 그런 가운데 지나치게 세속화되어 성스러움이 보이지 않는 사회, 신성의 기억을 모두 잃어버려 세속적인 근심으로 인간 조건을 소진해 버리는 사회에서 지혜의 인물, 권위자the gurus, 영적 지도자가 되었다. 그러나 이후 대학과 공교육, 철학적 논쟁 등에 새로이 매료되고, 수도 공동체가 타락해 부유층 자녀들을 위한 종교적 안식처가 되면서 '서원' 개념이 등장했다. 수도 생활을 정의하고, 신학적으로 설명하며, 규정하기 시작했다. 곧 가난, 정결, 순명의 '복음 권고'가 영적 생활의 기준이자 척도가 되었다. 수세기를 지나면서 그와 더불어 영적 매뉴얼과 범주와 규범 등이 생겨 행동을 통제하기 시작했다. 그러나 그 과정은 수도 생활의 정신마저 눌러 버렸다. 정신(마음)의 자세와 예언적 현존에 대한 기대가 더 요구될 때 수도 서원은 느리지만 확실하게 일련의 활동으로 축소되기 시작했다. 곧 수도자는 존재하고 보고 생각하는 것보다 그들이 행하는 일이 되어 버렸다.

설상가상으로 그리스도교 공동체 전반이(종종 다른 누구보다 수도자들이) 수도 생활의 진정성을 가늠하는 척도를 의아하게 여겼다. 이제 수도자들의 신학적 질문들은 자신들 스스로에게 관심을 둔 것이거나 스스로를 구성하며 비난하는 것들로, 완전히 공허하고 우스꽝스러우며 애처로운 것이 되어 버렸다. 가장 숭고한 영적 이상에 기여하기로 되어 있었으나 영적으로 성숙한 사람이 지닌 위엄에도 미치지 못하게 된 것이다. 수도 생활이라는 큰 주제가 별로 중요하지 않은 일련의 사소한 질문으로 변했다. 가난을 어기지 않으려면 한 번에 얼마의 돈을 갖고 다닐 수 있는가? 장상의 제안에 이의를 제기하는 것은 불순명인가? 수도원의 생활 관습에 따르는 것이 수도자 순명의 본질인가? 수녀 침실에 유색 침대 덮개를 사용할 수 있는가? 겸손이 머릿수건 기울기로 측정되는가? 우정이 수도 생활에 위협이 되는가? 가난 서원을 어기지 않으면서 수도자가 소유할 수 있는 도서, 성상, 음반, 테이프, 수도복, 신발은 몇 개인가? 장상으로부터 구두로 허락을 받지 않은 채 치약을 얻을 수 있는가? 등등의 질문들이 계속되고, 나열되는 질문은 갈수록 더 심해졌다.

그러나 그 질문 목록이 쓸데없는 것만은 아니었다. 가장 기본적인 생활 문제에 있어서 자율성이 없는 것은 안전한 영적 문화뿐 아니라 불안한 영적 문화도 조성하게 되었다. 또한 영적 자아도취와 거룩한 듯 보이는 유치함과 덕을 가장한, 신경증에 가까울 정도로 위험한 자기중심주의도 조장했다. 이는 수도 생활을 쉽사리 수용할 수 없는 기적으로 가득 찬 복음서 또는 체제를 유지하려는 사람들과 마음을 선별하는 사람들 사이의 부적절한 시합으로 가득 찬 복음서의 진지하지만 희미한 그림자로 만들어 버렸다. 삶이라는 거인을 난쟁이 차원으로 축소시켜 버린 것이다. 그리하여 영적 어린이들이 한때 제자들과 순교자들, 용감하고 강한 사람들이 걸었던 길을 걸어가고 또 걸어갔다.

전 생애를 건 삶은 무엇이 되었든 그 이상이어야 한다는 점은 확실하다.

이제 수도자들이 개인의 행동 규범으로서가 아니라 영적 자세의 관점에서 수도 서원을 다시 보게 된다면, 어떤 사람 혹은 어떤 그리스도인 생활이 이 세상에 존재할 것인가 하는 질문을 던지면서 별도의 세 가지 행동 규범을 준수하는 것으로 여겼던 수도 생활의 개념에서 벗어나게 될 수도 있다. 가난은 정의를 거스르는 죄이고, 정결은 당연한 것이 아니라 연구해 나가는 질문이며, 순명은 독립을 가치 있게 여기는 문화가 아니라 군대에서나 조장하는 것으로 여기는 21세기에, 확실히 가난과 정결과 순명의 서원은 수도 생활을 대단해 보이게 하기보다는 회의적으로 보이게 한다. 계속 그렇게 접근하다 보면 모든 근거를 초월해 수도 생활을 값싼 것으로 만들 뿐 아니라, 제도화된 숭배자들의 집단으로 전락시키고 그 영적 힘도 제한하게 된다.

하느님 추구

하느님을 추구하는 일은 단기간에 밟을 수 있는 종교 체험이 아니라 영혼을 형성해 가는 전 생애에 걸친 과정이다. 수도 생활이란 그 자체만을 위한 은밀한 생활 양식을 보존하는 것이 아니라 세속에 파묻힌 세상에서 영적인 현존을 풀어놓는 일이다. 수도회는 인류학 박물관이 되기 위해 설립되지 않았다. 수도회는 성숙한 자로서 중요한 이유로 현실의 일을 하는 실제 사람들로 이루어져 있다.

수도 생활은 예언자들, 즉 다른 사람들에게 새로운 통찰을 가져다주기 위해 스스로 새로운 어떤 존재가 되어야 했던 신적 통찰을 지닌 보통 사람들의 이야기이다.

다시 말해 수도 생활은 우리가 먼저 회심할 것을 요청한다. 수도 생활은 생활 관습을 지키기 위한 생활 양식이 아니라 성장의 근간인 것이다. 수도 생활은 우리가 어찌해 볼 수 없을 정도로 사람들과 동떨어져 있는 것이 아니라 전적으로 시대와 소통할 것을 요구한다. 수도자가 현재를 살면서 현존하는 하느님의 마음으로 회개하지 않는다면, 본질적인 것 외에 어떠한 봉사를 한들 그것이 다른 사람에게 선익이 될 수 있을까? 수도 생활은 사도직에 관한 것이 아니다. 수도 생활은 삶을 있는 그대로 와서 보는 마음과 정신을 개발하고, 그로 말미암아 우리 스스로 다르게 살도록 일깨우는 것이다.

살아 있는 다른 모든 사람들과 마찬가지로, 수도자도 자신이 속한 시대의 사람들이다. 그렇기에 수도자들은 이 세상에 위험한 존재가 될 수도 있고 잠정적으로 무미건조한 존재가 되기도 한다. 수도자는 단순히 세상의 사람이 되어서는 안 된다. 의식적으로 끊임없이, 또 초지일관 하느님의 사람, 하느님의 마음을 추구하는 사람, 어떠한 대가를 치르든 하느님을 선포하는 사람이 되어야 한다.

수도 생활에서 회심의 역할을 이해하려면 과거 '선택'에 대한 개념을 이해해야 한다. 하시딤은 이렇게 전한다. "옛날 어떤 랍비에게 랍비가 되면 어떤 느낌이 드는지 질문을 하자, 그 랍비는 이렇게 대답했다. '글쎄요, 양을 치면서 알게 된 사실입니다. 양을 헤아려 열 번째 되는 양은 모두 열 번째 순서라는 이유로 성전에 바치도록 선택되었지요. 저도 그런 식으로 랍비가 되었습니다.'" 다시 말해, 어느 누구도 자신이 다른 사람보다 더 낫기 때문에 '선택되지' 않는다는 것이다. 모두가 무엇인가를 위해 '선택' 된다. 누구나 자신 안에서 이루어야 할 일을 하기에 적합하고, 또 그것을 하도록 초대받으며, 그 가운데 확신을 갖기도 하고, 그 일(봉사)을 할 만한 내적 성향도 지니게 된다. 절대 음감을 지닌 사람이나 손재주가 있는 사람, 예술적인 사진 기술을 지닌 사람들처럼 어떤 사람에게는 인간적 노력을 가지고 영적 차원에 힘쓰고 하느님 일에 헌신하는 것을 무엇보다 절대시하는 열망이 있다. 바로 이렇게 고양된 종교 감각이 한 개인을 초대하여 오직 인간 삶의 영적 요소를 개발하는 데에만 온 마음을 기울이도록 이끈다.

그러나 어린이들에 대한 사랑, 예술에 대한 열정, 추구하는 자의 영혼과 예언자의 비전 등이 우리에게 자연스럽게 내재한다 하더라도, 그렇게 할 수 있는 역량이 실제로 준비되어 있다는 뜻은 아니다. 다만 역량이 형성될 가능성이 있다는 뜻이며, 그 다음에 회심이 시작된다.

수도 생활은 추구하는 자의 영혼을 가지고 나머지 여러 층을 갈고 닦아 중심에 이르게 함으로써 추구하는 대상을 보고, 갈망한 대상을 맛보며 되고자 노력한 존재가 되고, 복음으로 충만하여 마침내 온 세상에 전하는 생활이다.

수도 생활의 역할은 먼저 아주 보편적인 자기를 받아들여 성경에 푹 잠기게 한 다음, 하느님 말씀을 위해 회당과 국가에 저항한 그분의 방식을 고수하도록 하는 것이 분명하다. 회심의 삶은 무엇보다 먼저 자신을 되돌려 놓는다. 그리고 그 변모를 통해 우리가 처한 작은 삶의 반경을 변화시킨다. 그런 다음에는 우리 각자를 통해 한 번에 한 사람씩 온전하고 하나이며 생명과 불꽃으로 충만한 창조주인 그분께로 세상을 되돌려 놓을 수 있다.

회심

회심은 문화의 관점이나 위로와 통제하려는 갈망의 차원과 다르게 세상을 보는 과정이다. 물론 세상에서 '수도 생활'이라고 하는 존재 방식이 무슨 의미가 있는가라는 질문이 나오게 된다. 다른 그리스도인 생활 양식에서 이루어질 수 없는 것이라면 무엇이 그렇게 다른가? 그 답은 적어도 한 차원에서는 차이가 없다는 것이다. 곧 우리는 모두 영적인 삶, 회심, 가장 순수한 그리스도인의 삶을 살도록 부름을 받고 있다. 그러한 삶의 형태가 되기 위해서는 현존 양식과 명료함에 있어서 다른 생활 양식과 구별되는 믿을 만하고 공통된 특징, 구체적인 초점, 분명하고 확실한 강조점이 필요하다.

이 형태의 삶은 우리 안에서 세상이 소중하게 여기는 모든 것을 바꾸라고 요청한다. 유혹을 당한 예수님과 함께 난간을 허물면서 다른 사람들의 권한을 빼앗는 권력에 확신에 찬 큰 소리로, 예언자처럼 의도적으로 다시 '아니요'라고 외치고 가난한 이들을 등쳐서 번창하는 이윤 추구에도 '아니요'라고 말하며 순진한 이들을 유혹하고 방심한 이들을 착취하는, 개인의 만족을 위해 힘없는 작은 이들을 쥐어짜서 한낱 도구로 전락시키는 관계에도 '아니요'라고 해야 한다.

자유와 전체적 전망은 수도 생활이 주변 세계에 주는 선물이다. 오직 하느님 나라에 봉헌된 수도자는 만물과 거리를 두기에 만물을 가장 분명하고 정확하게 볼 수 있는 자리에 서 있다. 아무도 보지 않고 어느 것에도 유혹되지 않을 때 수도자는 자유로이 권력을 향해 양심을 요구하게 된다. 그러기에 수도자, 참된 수도자의 존재는 어느 사회든 위험한 존재가 된다.

선불교에 이런 얘기가 전해 내려온다. 중국이 티베트를 점령했을 때 군인들은 주민들에게 온갖 만행을 저질렀다. 가장 심한 박해의 대상은 승려들이었으므로, 침략군이 마을로 들어오자 승려들은 산악 지방으로 달아났다. 중국군이 어느 마을에 이르렀을 때 선발대의 중위가 보고했다. "장군께서 진격하신다는 소문에 승려들이 모두 산으로 달아났습니다." 지휘관은 자신의 위엄을 과시했다는 사실에 은근히 자부심을 느끼며 미소를 지었다. "그런데 단 한 사람이 남아 있긴 합니다만…." 중위는 나직하게 덧붙였다. 지휘관은 화가 났다. 당장 절로 가서 문을 걷어찼다. 안마당에 남아 있다던 승려가 서 있었다. 지휘관은 그 승려를 향해 소리쳤다. "내가 누군지 아는가? 눈 하나 깜빡 않고 너를 내려칠 수 있는 사람이다." 그러자 승려가 대답했다. "제가 누군지 아십니까? 저는 당신이 눈 하나 깜빡하지 않고 칼로 저를 내치도록 놔둘 수 있는 사람입니다."

사실 하느님 안에서 자유롭고 초연하며 하느님 중심으로 사는 수도자는 어느 사회든 위험을 가져온다. 물론, 그러기 위해 이 시대에 수도자가 먼저 새로운 무엇이 되기를 원해야 한다. 수도자가 먼저 회심해야 한다는 의미이다.

그러나 어떻게, 무엇을 향해 회심할 것인가? 과거의 영성이 아무리 좋고 잘 의도된 것이었다 하더라도 규범과 법규, 규칙과 조례, 수련과 예식 등으로 변질되어 버렸다면, 현재 말하는 회심의 대상은 무엇인가? 이 시대에 거룩함의 원천이 될 만한 것이 남아 있기나 한가?

9. 산 증거

수도 생활 역사상 이 시기에 서원에 대한 글을 쓰는 것은 쉬운 일이 아니다. 많은 수도자들이 자신의 모든 가치를 의문시하고, 할 수만 있다면 전통적인 서약(약속)을 복음적 삶이나 유사한 형식에 대한 헌신으로 단순히 정리해 버리려 한다. 그리고 더 많은 이들이 자신의 존재까지는 아니어도 삶의 내용에 의문을 갖는다. 제2차 바티칸 공의회 이전에 양성을 받은 대부분의 수도자들은 이제 당시보다 훨씬 더 전통적인 서원에 주의를 기울이지 않는다. 사실 서원은 초기 수도 생활의 본질적 요소도 아니었다. 그렇다면 "서원이 현대 수도자에게 영적 생활의 중요한 부분인가 아닌가?"가 문제가 된다. 그에 대한 대답은 분명하고 확고하게 "그렇기도 하고 아니기도 하다." 서원을 삶에 대한 규제로 사용한다면 그렇지 않다가 될 것이고, 삶에 대한 태도로 간주한다면 그렇다가 될 것이다.

제2차 바티칸 공의회 이후 입회한 수도자들 대부분이 경험한 서원은 일련의 규정되거나 금지된 행위로 축소된 서원이 아니었기에 앞으로는 서원이 세상에서 항상 당연히 기대되는 바, 즉 공동체의 개인 생활은 물론 세상에서 횃불이자 이상이며 지금 여기서 살아야 할 희망의 징표가 될 가능성이 더 클지도 모른다.

그러나 종교적 서원과 같은 것이 꼭 있어야 하는가보다 더 심각한 질문이 있다. "영적인 사람이 살면서 서원할 수 있는 모든 것, 즉 기도, 봉사, 교회의 일치, 생태 가운데 왜 수도자는 변함없이 가난, 정결, 순명을 서원하는가?" 이 얼마나 무미건조한 이야기인가? 이보다 더 피상적인 물음이 있을까? 가난이 주요 관심사가 되고, 정결은 더 이상 미덕이라기보다는 원치 않는 임신에 대한 보호 정도로 여겨지며, 순명은 대량 학살과 인종 차별, 정치적 부패 등의 행위에 의해 돌이킬 수 없는 지점까지 격하되어 버린 세상에서 이 세 가지 서원보다 더 발전과는 무관해 보이는 것이 또 있을까? 아무도 신경 쓰지 않고 원하지 않는 것이 영적으로 무슨 소용이 있는가? 이런 문화에서 달나라에 가겠다고 맹세하면 사람들은 경외감을 느낀다. 민간 기업이 규모가 큰 개발 프로젝트의 지원을 약속하면 경탄해 마지않는다. 현대 과학이 제기하는 의문을 연구하기 위해 온 생애를 바치겠다고 약속하면 박수를 받는다. 수도자가 되겠다고 말하면 수도 생활을 이해하고 새로운 발전을 장려하려 한다. 그러나 가난, 정결, 청빈을 서약하겠다고 하면 더 이상 반응하지 않을 것이다. 감동이나 영향은커녕 삶의 중요 요소를 엄숙하게 공적으로 증거한다는 생각에 마음이 설레던 때만큼도 움직임이 없다. 서원은 수도 생활 내부에서뿐 아니라 외부에서도 의미를 잃어버린 것처럼 보인다. 왜 그럴까? 사람들이 의문시하는 것은 서원 자체의 본질인가? 아니면 사람들을 개의치 않고 물질적으로 무의미한 영적 약속의 가치에 의문을 품는 것이 우리가 서원 생활을 현대 삶에 적용하는 방식이기 때문인가? 수도 생활은 단순히 상징적 생활인가 아니면 주변 세상에 의미를 전해 줄 정도로 본질적인 내용을 지니고 있는가?

물론 이 모든 질문에 대한 답변은 수도자가 개인의 삶과 더 나아가 공적으로 서원을 발하는 가운데 만나는 사람들의 삶 속에서 서원의 역할을 어떻게 보느냐에 달려 있다. 전통적인 서원 신학에 따르면, 서원이란 복음 가치를 공적으로 증거하는 것이 되어야 한다. 공적인 증거이다. 즉 일반 대중이 보고, 마음으로 받아들이며, 희망을 얻을 수 있는 무엇이라는 말이다. 서원은 세상이 두려워 도망치려는 신심 깊은 사람들의 개인 보호 구역이 아니다. 서원을 발함으로써 반대하는 바를 피하려고 애쓰는 것이 아니라 추구하는 바에 삶을 바치는 것이다.

그러나 서원이 그러한 것이라면, 지금이야말로 세상은 그 어느 때보다 서원을 필요로 하는지도 모른다. 이 시대에 서원이 의미하는 바가 무엇인지 우리가 제대로 안다면… 그리고 제대로 그 의미를 산다면….

선불교 선사들은 다음과 같이 가르친다. "승려가 선술집에 가면 선술집이 선방이 되고, 선술집 단골이 선방에 가면 선방이 선술집이 된다." 어디를 가든 우리의 본질은 함께 가고, 그것은 좋든 싫든 선이든 하찮은 것이든 우리가 가는 곳의 분위기에 영향을 준다. 수도 생활을 누룩으로 여기는 이 설명에서 지금까지의 그 어떤 가난, 정결, 순명에 대한 규범적 정의보다 수도 서원의 의미가 훨씬 분명히 드러난다. 사실 규범적 정의만 늘어놓으면 케케묵은 좀약 냄새와 늘어진 하품만 나올 뿐이다.

수도자의 가난

지구촌의 많은 어린이들이 저주받은 것과 같은 처참한 가난으로 허덕이는 세상에서 수도자의 가난이 규범적 놀이 외에 무엇으로 비춰지겠는가? 공공연히 성을 억압하고 착취하며 왜곡하는 세상에서 외롭고 사랑 없이 살아가는 사람들에게 정결이 억지로 강요하는 것이 아니라면 무엇이란 말인가? 어느 국가든 민족의 자율성을 찾고자 요동치는 세상에서 억압받는 사람들에게는 순명이 오히려 모욕적인 비굴함 외에 무엇으로 다가오겠는가? 다시 말해, 어디를 가든 가난, 정결, 순명이 존중해야 할 가치가 아니라 부숴야 할 멍에로 여기는 세태에, 안전과 같은 가난과 고립으로 여겨지는 정결과 의존적인 순명이 무슨 '증거'의 가치가 있겠는가?

수도자의 가난은 진짜 가난이 되지 못하고, 정결하지 않다고 해서 원치 않는 자녀를 갖게 되는 부담이 생기는 것도 아니다. 왕정 제도가 사라지면서 순명 대신 '해방, 평등, 형제애'가 대두되자, 서원 중심의 수도 생활은 점점 더 판에 박힌 삶, 엄격한 종교 규율 준수자를 위한 일련의 공허한 수련이 되었다. 그리고 진지하긴 하지만 사람들의 필요에서 멀어졌고, 과거의 미덕을 새로운 차원으로 살고자 하는 시대의 내적 요청과도 멀어지게 되었다.

당연히 그런 식으로 수도 생활은 존속할 수 없다. 세상이 필요로 하고 존중하며 요구하고 이해하고자 하는 것은 가난, 정결, 순명이 아니다. 너그러운 정의, 무모할 만큼의 사랑, 무한한 경청이다. 마음의 움직임 없이 개념에만 내달리게 되면, 수도자뿐 아니라 다른 사람에게도 수도 생활이 황폐하고 공허한 생활이 된다. 세상에는 이미 진짜를 흉내 낸 복제품이 너무 많아서 또 다른 유사품은 제대로 인정을 받지 못한다. 심지어 종교의 이름으로 유통되더라도 마찬가지다. 아니, 그래서도 안 된다. 성경이 우리에게 무엇인가를 보여 준다면 그것은 진짜가 지닌 힘이다.

아브라함, 모세, 유딧, 다윗, 드보라, 사마리아 여인은 단 한 명에 불과했고 모두 결점을 지닌 연약한 자들이었다. 그러나 그들은 가능성을 유별나게 드러낸 '상징' 이었기 때문이 아니라 세상에서 진리와 방향을 찾는 진정한 존재였기 때문에 자신이 살던 세상을 완전히 바꾸어 놓았다. 제자들 역시 큰 무리가 아니라 '둘씩 짝지어' 파견되었다. 제자들이 강력해서가 아니라 전적으로 헌신하고 완전한 선의로 두려움 없이 진실했기에 로마 제국의 얼굴을 완전히 바꾸어 놓았다. 제자들은 진실한 모습을 공허하게 모방하는 것이 아니라 스스로 진실을 밝히던 존재로 살았다. 덕을 찾는 세상에서 규범화된 서원은 세상을 바꾸기에 충분하지 않을 것이다. 일차적으로 자신의 성화를 추구하기보다 세상을 위해 규범을 초월하는 삶, 즉 서원을 넘어서는 덕이야말로 세상을 완전히 바꾸어 놓을 수 있다.

 수도 생활은 이제 더 이상 단순히 어떤 표상이 될 수는 없다. 수도 생활 초기의 모습이 되어야 한다. 진짜가 되어야 한다. 참으로 가난과 가난의 결과에 방향을 맞추고, 자유롭게 하는 정결을 지향하며, 전 세계의 소리를 들으려고 투신해야 한다. 이 힘든 시기의 선물로서, 사람들이 기다리는 세상을 생생하게 드러내 주려면 진정한 모습의 수도 생활이 되어야 한다. 이제 진짜인 존재, 지금은 아니지만 마땅히 되어야 할 존재의 모델이 되어야 한다.

난민들과 굶주린 어린이, 매 맞는 여성, 노숙자, 부채와 무질서한 정책이 넘치는 제3세계 사람들의 요청을 무시한 채 수지 균형을 맞추는 데 급급하지만, 그 가운데 지향할 바는 바로 세상이 가장 필요로 하는 것, 즉 무모하게 사랑하고, 가난한 이들을 대변하는 목소리가 되며, 진리를 추구하는 자가 되고자 서원하는 수도생활이다. 바로 이와 같은 가난, 정결, 순명을 현재의 매 맞고 착취당하고 가난에 씨든 세상은 기다리며 울부짖고 갈망한다.

영성

　영성이란 마음대로 세상을 향해 떠벌리거나 꾸짖는, 또는 공연히 떠들어 대는 공상의 신비주의도, 과장된 종교적 상상의 낭만적인 표현도 아니다. 영성은 살아 있는 신학이다. 영성은 우리가 믿는다고 선언하기에 행하게 되는 것이다. 신경으로 교의화한 것을 영성이 구체화하듯이 우리 역시 진정으로 믿는 바를 구체화해야 한다. 예를 들어, 육화로 말미암아 전 인류가 거룩하게 되었음을 믿는다면 과소평가되고 모욕당하고 조롱받는 사람들의 편에 당당히 서야 한다. 성찬 공동체를 믿는다면, 참으로 굶주리는 사람들과 우리 삶의 빵을 나누고 삶의 기쁨을 누리지 못하는 사람들과 매일의 포도주를 나누어야 한다. 베들레헴을 믿는다면, 진리와 계시가 있을 것 같지 않은 곳에서도 진리에 귀 기울이고 계시에 깨어 있어야 한다. 그리고 무엇보다 바로 이 순간 가장 평범한 영적 진리는 새로운 규칙이 수도 생활을 지속시켜 주지는 않으리라는 사실이다. 수도 생활은 스스로가 규정한 삶을 살아 냄으로써, 해야 할 바를 함으로써, 세상에서 새로운 존재 양식이 됨으로써만 지속될 수 있다. 수도 생활은 이유가 무엇이든, 어떠한 대가를 치르든 다른 사람들이 보지 못하는 것을 보고 다른 사람들이 말하지 못할 수도 있는 것을 말하는 생활이어야 한다. 수도 생활은 종교적 보육원이나 영적 마사지 같은 것이 아니라 삶이 던지는 커다란 질문들을 마주하는 생활이어야 한다.

그러기 위해서 수도자는 지금 여기에 마음을 고정하고 견고하게 현재를 살아가야 한다. 말은 쉬우나 어려운 일이다. 수도 공동체가 개인주의와 사리사욕을 위해 주변을 이용하는 데 중점을 둔다면, 그 길이 험하고 어두우며 외로울 수밖에 없다. 권력층과 특권층이 당연시하거나 심지어 바람직하다고 여기는 것들에 의문을 품게 될 때 그동안 기득권을 가진 자로서 익숙하게 여겨 온 모든 존중과 세련됨을 버릴 수 있다.

그러나 항상 그런 것은 아니었다. 불꽃을 새로 지펴 활활 타올랐을 때에는 일종의 거부감에 계속 나아갈 수 있었다. 우리 선조들은 가톨릭 학교나 기관은 물론, 가톨릭 신자들조차 원치 않던 사회로부터의 거부와 적대감에도 불구하고 학교나 기관들을 발전시켰다. 선조들은 사회의 인정이 아니라 하느님을 위해 살았다. 법이 아니라 복음에 신경을 썼다. 신중함이 아니라 믿음을 바탕으로 움직였다. 반면, 우리는 그토록 즐겨 얘기하던 '증거'의 기술을 너무 자주 잃어버리곤 한다. 우리 시대에는 수도자의 증거 영역이 이전보다 더 크게 부각된다. 우리 안에서 복음이 참으로 울려 퍼진다면 수도 생활이 헌신할 대상은 가톨릭 신자만이 아니다. 삶을 통한 우리의 선포는 서원을 통해 검증됨은 물론, 성경의 확인을 받기 위해서는 지구 전체와 지구의 모든 사람을 위해 이야기해야 한다. 다시 불을 지피는 존재가 되어야 할 때이며, 불꽃이 되어야 할 때이다. 다만 과거에 붙인 불의 그림자에 집착하지 않고 새로 피우는 불에서 나오는 열기를 두려워하지 않는다는 조건으로….

10. 정의로 부르심

    현대 사회에 널리 퍼져 있는 **탐욕**과 **착취**와 **억압**은 새로운 양식의 수도 생활이 특별하게 존재하기를 요구한다. 그 세 가지 요소는 인류는 구속하면서, 수도 생활은 '근사한' 사람들로 둘러싸여 제때에 식사하고 기본적인 기관 업무를 수행하며, 질문 제기나 배를 뒤흔드는 일 없이 영적 가치의 증명과 기도에만 치중하도록 떠밀어 버린다. 이는 슬프고 의미 없는 상황이며, 이러한 수도 생활의 쇠퇴는 젊은 세대가 그 가치를 인정하지 못해서가 아니다. 젊은 세대는 대의명분과 심오한 질문을 힘껏 탐구하고 투신을 문제시하지 않는다. 오히려 기성세대가 투신을 적응으로 바꾸고, 전문직에 대한 숭배로 예언자로서의 경고보다는 평화 유지에 힘쓰며 깨끗하고 안전하며 적절하게 제대로 죽기를 선택함으로써, 그렇게 죽음으로부터 자신을 지키고자 함으로써 수도 생활을 오래 전에 별 볼 일 없는 생활로 전락시켰기 때문이다.

    탐닉은 거대한 바이스(죔틀)처럼 이 세상을 둘러싸고 있다. 소유물로 자기 스스로를 규정하고 측정할 뿐 아니라 사회적으로 구분하기까지 한다. 포식하지 못하는 사람들은 포식하고 싶어 하고, 포식하는 이는 필요 이상으로 지구의 모든 결실을 누리는 것을 당연시한다. 과거에는 가장 열악한 것을 자연스럽게 취하던 수도자들도 이제는 비슷한 사회적 지위와 전문직 배경을 가진 사람들과 마찬가지로 최상의 것을 자연스럽게 취하는 법을 익혔다. 성경이 일러 주는 교훈과 상관없이 곳간에 곡식을 쌓아 둔다, 다른 사람들이 하듯. 정기적으로 주변 환경을 새롭게 바꾼다, 다른 사람들이 하듯. '만약을 대비한 비상' 철학을 세운다, 주변 사람들이 하듯. 자원을 모으고 돈을 저축하며 재산을 '보호'하고 시설을 사유화한다, 다른 모든 사람들이 하듯. 이러한 정신 자세는 자체적인 규정에 의한 정체성과 완전히 상반되지 않는다 하더라도 이해하기 어렵고, 우습기까지 하다. 사회적 산물인 우리 또한 종종 자신의 탐욕과 축적과 안전 의식을 '신중함'이나 '선한 일', '청지기 직분'이라고 일컫는다. 결국 아무리 정당화해도 탐욕은 파렴치할 정도로 그럴듯한 생득권을 암암리에 주장하는 것이다. 무엇이든 필요 이상으로 취하는 것은 지구와 그 백성들에게서 기본적인 자원과 인간 영혼을 훔치는 것이다.

요약하자면, 서구 사회 전반은 물론 수도 생활에 있어서도 충분함은 더 이상 미덕이 아니다. 포식이 그 자리를 대신한다. 과거의 가난 서원이 얼마나 유익했든, 이제는 가난하게 사는 것이 편치 않게 되었다.

가난한 이들을 위하여

서원이 제 가치를 발휘하려면 오늘날 수도 생활은 가난에 대한 새로운 이해라는 신선하고도 힘든 초대를 받아들여야 한다. 이는 이 시대 모든 수도자를 가난한 이들을 위해 가난을 사는 과정에 함께하도록 부르는 것이다. 우리는 가난을 일종의 소유권 예식 또는 신학적 공상처럼 간주한 회헌과 생활 규범에 관한 서적들, 이전 시대의 케케묵은 문서들, 구식 양성 매뉴얼 등을 현재 우리가 쓰는 영성 언어에서 뿌리째 뽑아 서고에서 치워 버리고 그 자리를 우리 삶으로 다시 채워 나가야 한다. 역설적이지만 바로 그러한 자료들이 우리에게 가난하게 살지 않아도 될 권리와 부유하게 살아갈 이유를 제공해 주었던 것이다. 오래된 논문이 전하는 바가 무엇이든, 과거 수련장이 무엇을 가르쳤든 수도 생활은 '예수님이 가난했다'는 이유만으로 지상의 자원을 소유하거나 사용하려는 욕망을 통제하도록 요청하지는 않는다. 다만, 유다인들에게 도전할 정도로 '보잘것없는 이들'을 사랑하시며 그들을 대변하신 예수님을 따른다면서 가난한 이들이 빈곤하게 살아가는 현실에 대해 아무것도 하지 않는다면 그것은 거짓이다. 따라서 수도자는 먼저 자신이 원하는 바를 줄이고 욕망을 절제해야 한다. 확실히 가난 서원은 안전함을 가져준다거나 우리가 필요로 하는 모든 것을 충족시켜 준다는 보장이 아니다. 그렇게 단순하지 않다. 문제는 충분한 내면화가 이루어지지 않은 데 있다. 서원은 그보다는 좀 더 단호하게 이루어져야 한다. 오늘날 세상은 아무리 가난한 사람도 텔레비전을 통해 모든 것을 볼 수 있다. 가난한 이들은 자식에게조차 먹일 수 없는 음식을 부자들이 동물들에게 주는 모습을 보면서 사는 세상이다. 이런 세상에서 가난 서원을 한 우리는 지상 재화의 정당한 분배에 헌신해야 한다. 우리 스스로 그러한 분배의 모범을 보이고 다른 사람들을 위해 그렇게 하는 삶을 살려고 노력함으로써 가난 서원이 단순히 규범적인 고상함을 넘어선 실제적인 것이 되게 한다.

그렇지만 가난 서원은 제도적 가난과는 아무런 관계가 없다. 그런 관점에서 얘기하면 마찬가지로 의롭고 중요한 다른 사안들, 즉 노인들의 보살핌, 젊은이의 교육, 채권자에 대한 의무, 사도직에서의 필요 등에 정면으로 대드는 것일 뿐이다. 자체적으로 가난한 공동체는 다른 사람을 도울 처지가 되지 못한다. 다시 말해, 자신의 자원을 잘 관리해 혜택을 받지 못하는 사람들을 위해 사용할 수 있는 공동체를 필요로 한다는 뜻이다. 사실 지금의 경제 정책과 무역 관행의 결과로 인해 다른 사람들을 더 가난하게 만든다는 점을 본다면, 세상이 진정으로 필요로 하는 것은 현재 법으로 제정된 것 이상으로 돌봐야 할 정도로 가난하지 않은 사람들이다.

문제는 일부 사람들이 부자라는 점이 아니다. 너무 많은 사람이 지나치게 가난한 것이 문제이다. 결국 수도자 개인이 소유한 블라우스가 몇 벌인가에 신경 쓰는 가난 서원은 수도 생활을 순진하고 겉으로만 그럴듯한 삶으로 축소시킨다. 수도자의 가난은 개인 소지품을 임의로 지정하는 것으로 이루어지지 않는다. 그것은 기껏해야 기본적인 것에 불과하다. 수도자의 가난은 전문직에 종사하는 이들을 위한 전문 장비의 배급 그 이상을 요구한다. 수도자의 가난은 집단으로서 수도자들이 소유한 상당한 자원을 가난한 이들을 위한 봉사에 사용하도록 요구한다. 수도회로서 우리가 가진 자원으로 행하는 일은 동료 수도자가 소유할 수 있는 책과 옷과 신발 수를 결정하는 데 힘쓰는 것보다 중요한 일이다. 수도자가 가난을 개인적이고 규범적인 수준으로 축소시킬 때 그 수도회에서 이루어지는 가난은 오래 전부터 진짜 가난이 아닌 것이다.

수도자가 살아 내는 진정한 가난은 가난을 하찮게 여기지 않고 진지하게 받아들이며, 지속적으로 가난한 이들의 편으로 내려간다. 그리고 가난한 이들의 관점에서 삶을 보며 수도회가 지닌 홀

류한 학위와 좋은 기관, 반질반질 윤이 나는 회의실, 잘 정돈된 잔디밭과 마음에 드는 수도원 건물 등을 가난한 이들을 보살피고 그들을 대변하며 보호하는 데, 또 가난한 이들을 위해 부자들의 마음을 움직이는 데 사용한다.

인간적으로 탐하는 것이 많은 시대에 진정한 가난의 영성은 세 가지 미덕, 즉 공적인 옹호, 수도회 차원의 재산 공유화, 개인 차원에서의 회심 등에 달려 있다. 그리고 어쩌면 그 순서도 위와 같을지 모른다.

가난한 이들을 공적으로 옹호하는 일은 예수님이 하신 일을 공적 차원에서 새롭게 의식함으로써 이루어진다. 예수님을 따른다고 말하면서 가난을 해결하는 데 있어서 부자들에게 그들의 역할에 대해 아무 소리도 못한다면(나환자를 치유하지도 못하고 죽은 이를 일으키지도 못하며 빵을 많이 하지도 못한다면) 수도 생활은 복음에서 유리되어 표류하다가 길을 잃고 만다. 복음을 안다고 하면서 심리 중인 입법안이 가난한 이들의 삶에 미칠 영향이 무엇인지 모른다면 복음을 산다고 믿기 어렵다.

예수님께서는 "가난한 이들은 항상 너희 곁에 있겠지만, 나는 항상 너희 곁에 있지 않을 것이다."라고 말씀하셨다. 이 말씀을 읽고 처음에는 예수님과 함께하며 가난한 이들의 부르짖음을 잊어버릴지도 모른다. 가난한 이들에 대한 염려에서 잠시 벗어날 수도 있다. 가난한 이들에 대한 염려보다 더 중요한 일이 있다고 시사하는 것 같기 때문이다. 그러나 복음이 전하는 나머지 메시지와 훨씬 더 잘 어우러지는 또 다른 해석도 있다. 우리가 끊임없이 예수님의 가르침에 집중하지 못하면 그 가르침을 위해 존재하는 이유를 잊어버리게 될 것이라는 점이다. 가난한 이들의 존재를 빼고는 예수님을 진지하게 따르는 자들의 삶에 지속적으로 요구하는 바를 참으로 이해할 수 없다. 곧 성경에 주의를 기울이면 가난한 이들에게로 나아가게 되고, 가난한 이들에게 주의를 기울이면 성경을 이해할 수 있게 된다. 이 둘은 상호보완적이다.

수도회 재산의 공유화

수도회 재산의 공유화는 가난 서원의 열쇠이다. 제2차 바티칸 공의회 이후 여러 해 동안 공의회가 자극한 수도자 쇄신에 힘입어 투자 철회divestment, 즉 수도 공동체의 재산 포기가 우리 시대에 진정으로 가난 서원을 살아 내기 위해서 필수적이라는 얘기가 많이 오갔다. 그러나 투자 철회로 수도 생활이 보다 진정한 것이 된다거나 재산 포기로 수도회가 자동적으로 세상의 재화를 가난한 이들에게 유리하게 분배할 수 있음을 보장하지 못한다는 것을 깨닫는 데 그리 오랜 시간이 걸리지 않았다. 우선 수도 공동체는 상당한 재산을 단지 포기만 하고 해당 지역으로부터 후견을 받지 않은 채 그 건물을 사용할 수 있다. 게다가 단지 수도회가 재산을 포기했다고 해서 새로운 주유소나 '수도원 식당' 이상의 무엇이 세상에 추가된다는 보장이 없다는 현실이 있다. 대신에 더 엄한 개념을 다루어야 한다는 점이 부각되기 시작했다. 그것은 참된 가난은 수도자가 소유한 재산으로 행하는 일에 있지 않듯이 수도자가 무엇을 소유하고 있는지에 달려 있지도 않다는 점이다. 소유한 바를 자기 자신만을 위해 사용하는 것이야말로 수도자 가난에 어긋나는 죄이다. 평가 기준은 거기에 있다.

여러 세기가 지나면서 수도 생활이 쇠퇴했고, 쇠퇴는 수도회가 사회적으로 고립되는 결과로 나타났다. 수도자가 가난한 이들로부터 멀어질수록 수도자와 사람들 사이의 간극은 벌어졌고, 수도 생활이 한정된 이들의 생활이 되면 될수록 그 생활의 의미와 진정성과 효과와 빛은 줄어들게 되었다. 수도자들은 스스로 제도화되어 근엄해지고 엘리트 의식과 특권 의식을 지닌 채 은밀해졌다. 지극히 사사로운 성향을 띠게 되었다. 그리고 그것은 아무리 잘 보아도 신학적으로 의심스런 측면이 없지 않다. 왜? 수도자가 소유한 모든 것은 가난한 이들에게 속하기 때문이다. 어떻게? 수도자는 아무것도 소유하지 않기로 서원하기에. 왜? 하느님의 일을 하기 위해서 우리는 다만 모든 자원을 관리할 뿐이라고 말한다. 그러므로 수도회가 엄청난 재산을 소유하면서 '사생활' 과 '봉쇄', '개인 공간' 과 '영적 생활' 을 내세워 가난한 이들을 막아 버리면 가난 서원은 가짜가 되고 그저 우리 자신을 위한 관리가 될 뿐이다.

한 수피교도는 "옛날 거룩한 노인이 기도하는 오두막에 도둑이 들어 그 노인이 유일하게 가지고 있던 거룩한 책과 독서대를 훔쳐 갔다."라고 쓰면서 "가엾은 사람. 그에게 달도 같이 줄 수 있었더라면 좋았을 텐데."라고 덧붙였다. 요컨대 가난한 이들에게 무엇을 주든지 그것만으로는 충분하지 않다. 우리가 소유한 것, 즉 가난한 이들을 위해 우리가 맡아 소유하고 있는 것은 가난한 이들을 위해 사용되어야 하고, 그것은 삶에서 우리가 진정 가치 있게 여기는 것이 어떤 것인지를 무언으로 드러내 준다. 수도회 재정 보고서는 그 수도회가 소유한 돈과 시설과 재산으로 실제로 무엇을 하는지를 살펴보는 평가이다. 그것을 대충만 살펴봐도 그 수도회가 가난 서원과 수도 생활 신학을 어떻게 이해하고 있는지 알 수 있다. 그 보고서에는 해당 수도회가 실제 삶에서 행한 여러 가지 선택의 결과를 모호하게 하거나 수도회의 손실을 그럴싸하게 만들기 위한 신학적 언어가 등장하지 않는다. 다만 숫자, 분명하고 뚜렷한 숫자만 등장할 뿐이다.

가난에 대한 사명을 잊어버린 수도회는 영혼이 가난하게 된다. 수도회 자체로 고립해 죽고 만다. 자체의 생활의 보존과 기관의 유지, 안락한 생활과 연금 확보 외에는 살아갈 이유가 없기 때문이다. 그러한 수도 생활 속에서 수도자로서의 삶은 멈추게 되고, 세상에서 이루어지는 모든 상징적 몸짓은 징표라기보다 연극이 되어 버린다.

한때 가난 서원의 주 대상이었던 개인의 회심은 새로운 영성에서 수도자의 가난의 못자리가 된다. 그렇게 개별적인 삶 속에서 싹이 튼 가난 서원은 수도회라는 그리스도인 공동체로 확산된다. 절박하고 지긋지긋한 세상의 가난 속에서 수도자의 가난이 의미하는 바에 따른 개인의 회심이 없다면 가난은 아무런 이름도 없는 비인격적인 종교적 신화로 남을 뿐이다.

수도자 가난에 대한 제2차 바티칸 공의회 이전의 이해는 '초연함', 허락, 무일푼 등의 개념으로 규정되었다. 이런 식의 수행은 초연할 대상이나 허락을 구해야 할 개인의 소유물뿐 아니라, 무언가를 살 돈도 없고 청구서가 날아올 집도 없는, 참으로 가난한 사람들과의 연대나 일치는커녕 의존을 낳았다. 서원 자체가 하찮은 수준으로 위축되어 버렸다 하더라도, 다름 아닌 서원이라는 이유만으로도 그보다 더 진지한 주제를 요구한다. 평생에 걸쳐 도덕적 짐을 지우는 서원. 서원 생활은 아무리 의도가 좋다고 해도 영적 고행에의 집중 이상의 어떤 가치가 있어야 한다.

존 버거John Berger는 이렇게 쓴 바 있다. "우리 세기의 가난은 이전과 다르다. 현대의 가난은 자연스러운 결핍의 결과가 아니라, 부자가 전 세계의 나머지 사람들을 기만하고 획득한 우선권의 결과이다. 따라서 현대의 가난한 이들은 불쌍히 여겨지는 것이 아니라… 쓰레기처럼 무용지물로 여겨진다. 20세기 소비 경제로 말미암아 거지를 봐도 아무것도 떠오르지 않는 문화가 처음으로 생겨났다." 수도 생활의 역할은 단순히 개인적 필요의 통제가 아니라 세상에 가난의 부도덕성을 상기시켜 주는 것이다. 이 역할은 주변을 열렬히 뛰어다니며 그것을 "봐요, 봐요!"라고 소리치고, 그 원인이 되는 관행과 정책을 반드시, 분명히 지적함으로써 마침내 누군가가 어느 날 그 모든 일을 멈추게 할 때 완성된다.

수도 생활이 지속된다면, 그것은 수도 생활을 재복음화해 줄, 즉 수도자에게 복음을 열어 보여 주고 사람이 살아가기 위해 필요한 것이 얼마나 적은지 가르쳐 주며, 삶이 쇠진하는 가운데서도 얼마나 아름다운지를 보여 줄 가난한 이들 덕분일 것이다. 가난한 이들이 자신들에게 불리하게 늘어선 현 세상의 정책이 가하는 잔인성을 견뎌 내고 살아남는다면 그것은, 희망을 보고 끈질기게 삶에 매달려 그들을 대변하는 목소리를 듣고 다시 희망을 찾으며 사람들을 통해 일하는 자비롭고 인정 많은 하느님을 다시 깨달았기 때문일 것이다. 하느님의 뜻이라면, 그래서 수도 생활이 예전처럼 이 시대에도 진정한 것이 되려면, 적어도 가난한 이들을 잘 의식하고 그들에 대한 의식을 고양하는 사람들 중 몇몇은 다시 수도자가 될 것이다.

11. 사랑으로 부르심

일찍이 헨리 워드 비처(Henry Ward Beecher, 1813-1887) 목사는 이렇게 썼다. "사랑하는 법을 알고서야 비로소 경배하는 법을 알게 되었다." 수도 생활과 정결과의 관계를 진실하게 통찰하고 잘 지적하고 있다. 여기서 말하듯이 우리가 눈앞의 사람을 사랑하지 못한다면 어떻게 눈으로 볼 수 없는 하느님을 사랑할 수 있단 말인가? 아울러 사회적 개념으로서의 정결에 대한 이해 또한 세월을 거쳐 오면서 제대로 발달하지 못하고 왜곡되어, 삶과 성장과 관계와는 상반되어 왔다. 그로 인해 우리가 할 수 있거나 정결이 우리에게 필요로 하고 제공하는 것보다는 할 수 없는 것을 더 많이 의식해 왔다. 결과적으로 현대 수도 생활의 영성이 우리를 둘러싼 사회나 수도자 자신과 소통하기 위해서는 서원을 완전히 다시 생각할 필요가 있다.

정결이 정결 자체를 위해서 성을 억압하도록 요청한다면 세상은 정결을 필요로 하지 않을 것이다. 억압은 활동을 기다리는 활화산을 가리고 있을 뿐이다. 우리 내부에서 저절로 꿈틀거리는 것을 적으로 간주하거나 위험하다고 여긴다면 이유도 없이 자신과 싸우는 것밖에 되지 않는다. 언제가 될지는 모르지만 그것은 가장 파괴적인 방식으로 어떻게든 분출될 것이다. 한편, 우리 내부에서 느끼는 바가 우리를 인류에게로 이끌고 세상과 연결해 주는 접착제, 기분 전환으로 자신 외에 다른 사람을 생각하는 격한 감정이 된다면, 우리가 느끼는 이런 충동은 잘 키워야 하는 선물이자 신뢰하며 귀를 기울여야 하는 교훈이다. 그런 경우에 정결이라고 하면 자유롭게 분출하는 사랑에 대해 생각하지 않을 수 없게 된다.

수도 생활에서 정결과 그 역할을 다시 생각하기 전에 몇 가지 기정사실을 직시해야 한다. 먼저 사랑이 없음은 덕이 아니다. 둘째, 착취는 사랑이 아니다. 셋째, 수도 서원의 기능은 인간 조건의 부정과 자기 수련 이상이다. 넷째, 정결은 발달 면에 있어서 파괴적이지 않다. 마지막으로 성적 느낌이나 관심sexuality은 긍정적 에너지를 주고 성sex은 아름답다.

문제는 그러한 여러 개념이 현대 사회 속에서는 얽혀서 나란히 존재한다는 데서 생긴다. 정결은 너무나 자주 사랑이 없음을 나타내는 동의어가 되어 왔다. 착취는 결혼에서조차 일반적인 일이 되었다. 수도자의 서원은 득이라기보다 손실의 관점에서 표현되어 왔다. 방종을 선호해 극기를 포기했다. 성적 관심sexuality은 여성에게 불리하게 사용되어 왔고, 성sex은 항상 해야 하거나 절대로 해서는 안 되는 무엇처럼 나쁘고 지저분하며 수치스러운 것으로 여겨져 왔다. 정결은 남성에게 있어서 여성을 통제하는 또 다른 방법 혹은 본성이 냉담한 사람들의 신경증적 허튼 짓 정도로 여겨지게 되었다. G. K. 체스터턴Chesterton은 정결을 훨씬 나은 방식으로, 놀라운 통찰로 말한다. "정결은 성적 그릇됨을 삼가다는 뜻이 아니라 잔 다르크Jeanne d' Arc처럼 활활 타오르는 무엇을 뜻한다."

현대의 세상에는 강간과 성sex, 무분별한 성행위와 서약, 범람과 결핍, 성차별과 해방이 나란히 늘어서서 서로의 주목을 끌고자 겨루며 인간 정신을 빼앗고 영혼을 소모시킨다. 이러한 세상에서 서원한 수도자의 정결이 제대로 의미를 지니려면 메마른 절제보다 타오르는 무엇이 나와야 한다.

정결에 대한 사회적 맥락은 매일 더욱더 불안정하게 변하고 있다. 배란 주기법을 이용한 산아 제한, 가족계획, 약물에 의한 임신중절, 피임약 등 출산을 피하기 위해 사용되는 방법들(모두, 혹은 일부에 대한 우리의 평가 여부와 상관없이)을 통해 과거에는 통제가 가능하리라고 생각도 못했던 자연스러운 행위를 통제할 수 있게 되었다. 예를 들어 부부가 평화 운동이나 생태 운동, 페미니즘 운동, 세상을 살리기 위한 노력과 교회 사도직에 참여하는 데 결혼했다는 사실이 제한이 되기보다 도움이 되는 세상에서 정결에 대한 신학

즉, 몸의 절제가 성행위보다 더 영적이고 성스러운 것이라는 신학은 점점 더 설득력을 잃고 있다. 과학과 신학의 발달로 인해 성sex과 성적 관심sexuality, 결혼과 독신, 정결과 사랑을 논하는 맥락이 그 어느 때보다 의미를 지니게 되었다고 볼 수 있다.

인간 역사상 처음으로 성sex은 원치 않는 임신에 관한 걱정, 금기 이상의 무엇이 되었다. 교회 역사상 처음으로 성은 왜곡되지 않고 있는 그대로 받아들여지게 되었다. 수도 생활에서 처음으로 정결 서원은 부정의 관점보다는 기회의 관점에서, 행위의 금지가 아니라 무엇이 됨을 허용한다는 것을 깨닫는 관점에서 생각하게 되었다. 이는 사회 역사는 물론, 종교 역사에 있어서도 새로운 움직임이다. 몸과 영혼의 분리가 아니라, 그 둘의 통합을 요청하는 움직임이다. 애써 노력할 만한 순간, 신이 나고 가능성으로 충만한 순간이다.

이전 세대에게는 애석한 일이지만 성에 대한 새로운 기술 덕분에, 20세기는 이전보다 훨씬 자유롭고 태연하게 성적 행위를 대한다. 그렇다면 정결 서원은 무엇을 근거로 오늘날 사람들의 마음을 끄는가? 어떤 장점에 의지하는가? 무슨 목적으로 존재하는가? 어느 정도까지 절대적인가? 또 정결의 은사는 과연 무엇인가?

한 가지 확실한 사실은 기본적으로 어떻게 증명하든지 성sex과 성적 관심sexuality에 대한, 그리고 정결 서원과 수도 생활에 대한 전통적인 생각은 이제 더 이상 간단하게 적용되지 않는다는 점이다. 예를 들어 동정녀들이 신체라는 부담에서 벗어나 천사처럼 날아다니기라도 할 것 같은 반半영적인 세계에서 산다는 등의, 보다 고상한 성소라는 개념은 사라졌다.

불의나 폭력과 탐욕처럼 성 그 자체가 한 개인의 도덕적 완전무결함을 파괴한다는 듯, 성의 영역을 제외한 곳에 완전함의 뿌리를 두는 생각도 사라졌다.

'완전해질 수 있음'

인간 조건에서 '완전해질 수 있음'이 가능하거나 자명하다는 개념도 사라졌다. '완전함'은 무엇이고, 그것을 본 적은 있나? 야곱이 완전했나? 예레미야가 완전했나? 아우구스티노는 어떠했나? 아빌라의 데레사는? 유다 율법을 깨고 성전에서 화를 내며, 갈릴래아에서 군중을 떠났을 때 예수님은 완전하셨나? 우리 스스로 스트레스에 약하고 단순한 존재일 뿐임을 알면서도 인간적인 반응들을 무시한 채, 성숙에 이르는 과정에서 성장의 역할을 부정하는 완전함에 도달할 수 있는가? 그런 관점에서의 완전함이란 우리가 아닌 존재가 되려는, 절대 도달할 수 없는 열망이다. 그리고 살면서 배우는 모든 것과 더불어 인생을 진정으로 인간적으로 만들려는 것은 어쩌면 결코 될 수 없는 존재가 되려는 시도일지도 모른다.

마지막으로, 동정童貞이 여성의 가치를 증명하고 진가를 확인해 주며 합법적인 후계자의 승계를 위해 결혼에 도입해야 할 적색 무공 훈장쯤으로 여겨지던 개념도 사라졌다. 더욱 다행인 점은, 마치 선물을 봉헌하려는 노력 그 자체가 선물이 되지 않듯, 또 관상적 봉사라는 생활 양식에 평생 투신하는 것이 정결이라고 일컬어지는 점검 목록을 유지할 수 있는 보다 값진 것이 아니듯, 죽을 때까지 성을 드러내지 않는 것이 인간적인 완전무결의 표지가 되고 하느님께 온전히 삶을 바치는 표지라고 여기는 생각도 사라졌다.

인간의 성적 본성에 대한 사회적 태도와 통찰의 변화가 너무 커서, 과거 남성에게 기대할 수 없던 부분을 이제 여성 본성에 적용하는 경향이 있다. "여성에게는 정욕에 저항할 정신의 힘이 없다."고 하는 아퀴나스의 개념이나 여성은 본성상 냉담하다는 프로이트의 결론은 둘 다 여성과 남성에 대한 고정 관념에서 벗어나지 못한다. 새로운 문화 환경 속에서 여성은 스스로 선택할 자격이 있는 성인으로 규정될 뿐, 이용되거나 학대를 당하거나 조종의 대상이 아니다. 그 결과 세상은 남녀 모두에게 성sex의 본성과 성적 관심sexuality의 의미, 그리고 사회에서 성적 표현이 차지하는 자리에 대해 완전히 새로운 질문을 하게 된다.

성적 관심Sexuality은 단순히 사라지지 않을 질문으로 등장했다. 이 분위기에서 성적 행위는 제한이라는 개념보다는 선택의 개념으로, 위험하다는 생각보다는 자기를 내어 준다는 개념으로 더 통용되고, 실패의 문제가 아니라 인간 성장의 한 과정으로, 전적으로 남성 전유라기보다는 평등하게 인간의 영역으로 받아들이게 된다. 그 결과, 과거 결론이 났다고 판단되던 모든 것이 불확실성이라는 커다란 소용돌이 속에서 떠오르고 있다. 매우 무서운 때라고 볼 수 있다. 질문 대신에 답변을 원하는 사람들에게 이 시대는 영적 혼돈의 성격을 띠게 된다.

동정에 대한 생각

수도자에게 있어서 동정에 관한 질문은 새로운 긴장감을 느끼게 한다. 동정을 잃은 지 오래된 후에 수도회에 입회하는 사람들이 있는 문화에서 동정에 대한 생각은 어떠한가? 물론 정결이란 신체의 불가침성(신성), 일종의 신체적 금지나 통제, 혹은 결핍을 넘어선다. 그런 종류의 정결은 정지 상태, 공허함, 무미건조, 오직 생물학적 느낌뿐이다. 반면, 생명을 거부하기보다 뭔가를 생명에 더하는 정결은 성장으로 충만한 듯하다. 그러한 정결은 개인에게

갖가지 심오한 질문들을 던지고 풍부한 경험을 안겨 주어 정결이 가져오는 성장과 더불어 그것을 받아들이게 한다.

물론 성sex을 너무 엄하게 견제하는 바람에 완전히 균형을 잃어 버렸다는 점이 딜레마가 될 수 있다. 결혼은 성sex을 로맨틱하게 다루고, 수도 생활은 성을 거부한다. 그러므로 정결 서원의 주제가 성적 관심sexuality 대신 성sex이 되고, 사랑 대신 소유가 되며, 물질과 동떨어진 영성이 되어 지금 이곳에서 몸과 영혼을 온전히 살아 내는 삶에 대한 인식 대신에 내세의 영광을 다루게 되었다.

수 세기에 걸쳐 그렇게 생각해 온 결과, 정결 서원을 지키는 데 온갖 종류의 피상적인 견해가 동원되었다. 수도 생활은 영과 육을 분리하는 연습이나 중성의 영성 안에서 행하는 수련이 되었고, 거리를 두고 안전을 확보하는, 두려움 속에서 수행하는 수련이 되어 버렸다. 수도 규칙과 교회법 규정을 보면 그와 유사한 사회 규범은 오래 전에 사라졌음에도 불구하고, 여성은 동료와 함께하지 않으면 대중 앞에 나설 수 없다고 구체적으로 서술해 놓고 있다. 중세 양식에서 따온 수도복은 시대가 변해도 최신 양식으로 변화되지 않은 채 온몸을 가렸다. 신체 및 머리카락 하나도 노출하지 않으며, 몸에 바르는 분이나 향기가 나는 비누도 사용하지 못했다. 어떤 영적 지침의 경우에는 신체 접촉에 있어서 어린아이나 꽃, 동물과의 접촉마저도 금지된 활동으로 간주했다. 꽃은 감각을 일깨우고, 아기는 성소에 위협을 주며, 동물은 말로 할 수 없는 공공연하고 인간적인 위안을 줄 우려가 있다고 보았다. 오늘날까지도 아토스 산, 즉 그리스에 있는 정교회 수도원에서는 동물 중 암컷을 기르지 못한다고 전한다. 동물이 본능적으로 행하는 행위가 그곳 수도승들에게 성적인 반응을 유도할지도 모른다는 염려 때문이다.

그러한 분위기에서 사람들 사이의 관계 형성은 영적 발전의 하위 단계에 속했다. 공동체 우정은 여러 사람이 모이는 일상적인 때에 한정되었다. 수도자는 수영이나 댄스, 일광욕 등을 비롯해 몸을 기쁘게 하는 일체의 것을 하지 못했다. 푹신한 가구와 안락의자와 평상복 대신에 등받이가 높은 의자와 목재 긴 의자와 두꺼운 스타킹을 썼다. 피조물에게 위안이라고는 없는, 질서 정연하고 최소한의 필요만 갖춰진 환경은 텅 빈 듯한 인상을 준다. 몸은 만족감을 누릴 수 없으며 항상 수련의 대상일 뿐 절대 드러내서는 안 되는, 영성 생활의 적이자 경쟁자이며 장애였다. 이러한 환경은 두려움이 지배했다. 곳곳에 도사리는 관능과 어디서나 위협받는 성, 도처에 부드럽고 친밀하며 실제적인 인간적 접촉이 널려 있음에도 모두 부인해야 했다.

수도 생활에 있어서 이러한 신학이 미친 영향은 재난 수준이었다. 삶은 부정하기 위해 존재했고 고립과 외로움(고독)이 거룩함의 표징이 되었다. 사람들과의 관계는 일로써 보충되었다. 공동체 생활은 낯선 자들이 함께하는, 그러나 혼자 살아가는 법을 배우는 장이 되었다.

전적인 자기 증여

부정해야 할 것들의 목록은 그 장황한 나열 때문이 아니라 완전히 요점에서 빗나가 있다는 점에서 끔찍하다. 정결은 확실하게 영성 생활에 전적으로 자신을 내어 주고, 자유로이 성적 관능의 생활 양식에 자신을 맡기지 않으며, 자기 통제(극기) 및 이해와 생활의 신비적 차원에 관상의 자세로 집중하는 것과 관련이 있다. 그렇다고 해서 사랑과 우정을 금지하고 사생활을 의심하거나 개인의 감정을 인정하지 않는 것은 정결의 본래 목적에 위배된다. 정결은 사랑하지 않는 데 있지 않다. 정결은 제대로, 숭고하게 사랑하는, 보편적인 자세로 사랑하는 법을 배우는 것이다. 정결은 타인을 위해 자기 안으로 들어가는 모험을 예측하고 준비하게 한다. 그 모험은 삶에 새로운 차원을 부여한다. 살면서 맺는 다양한 관계의 폭을 넓혀 주고 영혼에 자유를 주며 영혼의 요구를 가능하게 해 준다. 성은 흥분하고 들뜨게 하지만, 정결은 영성 생활에 나아가도록 채비를 갖추어 줄 뿐 아니라 삶의 모든 면에 생기를 돋우어 준다.

크리스티나 보비Christina Bovee는 "열정은 불과 같아서 참으로 여러 모로 유용하나, 단 하나 위험한 점은 바로 지나칠 경우이다."라고 했다. 이 말은 피상적인 삶의 근저를 흔들어 놓는다. 열정이 없는 삶은 참으로 안타깝다.

타인에 대한 깊은 사랑이 없는 수도자는 삶의 여러 일들을 겪어 나가면서 자기 삶을 바치도록 영감을 준 동기를 잃어버리고 만다. 수도자는 자기 자신보다 더 위대한 무언가를 위해 살 명분을 가진다. 그것은 활동의 범위를 제한함으로써가 아니라 넓힘으로써 이루어진다. 역설적으로 들릴 수 있지만, 정결이야말로 자기 자신과 그 외의 세상을 이어 주는 통로가 된다. 그리고 그 통로를 통해 더 많은 통로가 생겨난다.

우리가 사랑을 발견하든, 사랑이 우리를 발견하든, 스스로를 사랑에 개방한 수도자는 정결을 통해서 다른 사람들이 주의 깊게 살펴도 볼 수 없는 것을 볼 줄 아는 사람이 된다. 열정적인 수도자는 무료 급식소에 오는 사람들과 지저분한 아이들, 슬픔에 잠긴 과부, 죽어 가는 에이즈 환자, 사랑받지 못해서 스스로도 사랑할 줄 모르는, 인생이 끝난 듯 활기를 잃고 완고한 이들을 사랑하게 된다.

어쩌면 그 이상일 수도 있다. 수도자는 사람들을 자유롭게 사랑하기로 약속했기에 사랑하는 대상을 자유롭게 해 줄 수 있다. 수도자는 사람들을 자신에게 구속하지 않고 사랑한다. 정결은 빈손으로 내어 주는 사랑이다. 그 효과는 놀라운 것이다.

자유로이 아무런 대가 없는 사랑을 받은 경우에 어린이는 신뢰하는 법을 배우고, 청소년은 자립하는 법을 배우며, 성인은 상대방을 구속하지 않으면서 사랑하는 법을 배운다. 진정한 정결은 아무에게서도 보상을 기대하지 않는다. 단지 쏟아부어 누르고 흔들어 넘치게 사랑한다. 그 사랑은 열정적이고 집착하지 않는다.

어떠한 경우든 감정 없는 수도 생활은 언제나 위험에 빠질 수 있다. 핵무기 장치의 버튼을 누르는 일에 대해 아무런 느낌도 갖지 못한다면 그 사람은 위험하다. 성사 안에서 잘 양육해야 할 필요성을 알아채지 못한 채 성사를 집행하는 교회 사목자는 위험하다. 고통을 느끼지 못하거나 상실의 깊은 틈을 알지 못하고 기쁨과 안도감의 충만이 무엇인지 알지 못하는 카운슬러는 위험하다. 열정적인 신비가가 되어야 할 사람들을 열정 없는 로봇으로 만들어 버리는 것은 위험하다. 수도 생활은 좀비와 같은 수도자를 필요로 하지 않으며 그로 인해 얻는 이익도 없다. 영적인 사람들을 시멘트와 같은 사람으로 바꾸어 놓는 정결은 영성 생활을 무덤으로 만들 뿐, 절대 부활의 삶으로 초대하지 못한다.

그러나 수도자가 정결을 통해 다른 사람들에게 쏟아부을 수 있게 된 열정은 그 은혜의 절반에 불과하다. 감정을 표현할 수 있는 능력은 선물이다. 감정을 잘라 버리고 그 원천을 억압하거나 가두는 것은 사람을 완전히 옭아매어 버린다. 반면 감정의 발산은 영혼을 자유롭게 날게 한다. 하나의 감정을 억압하면 모든 감정을 억압하는 것이 된다. 사랑을 전혀 모르는 사람은 기쁨도 알지 못한다. 고통을 모르는 사람은 행복의 절정에도 결코 이를 수 없다. 자신의 감정을 질식시킨 사람은, 감정을 풀어놓는 것은 고사하고 다른 사람의 감정도 인식할 수 없다. 정결은 감정을 밟아 끄라는 것이 아니다. 오히려 그 반대이다. 감정을 관대하고 진실하고 자유롭게 생명을 주는 방식으로 돌려놓는 것이다.

감정은 삶 안에서 우리를 인도하는 연료를 제공한다. 사람들에게서 감정을 앗아 버리면 에너지와 방향성을 박탈하는 것이 된다. 수도자 양성이라는 명목으로 감정을 억압하면 수도회 자체의 정신을 억제하는 것이 된다. 그 사실만으로도 충분히 해로운데, 많은 경우에 그 자리에 우울함이 자리를 잡는다. 그렇게 되면 수도원은 효과보다는 효율성을 따지느라 활기를 잃게 된다. 일정표가 인간적 필요보다 우위를 차지하기 시작한다. 현관에 찾아온 손님을 맞이하는 일보다 정시에 식사하는 것이 더 중요해지고, 전화가 와도 기도만이 절대시되며, 고통 중에 있는 사람과 함께할 때나 기쁜 일이 있는 사람의 축하 자리에서 그들의 이야기에 귀를 기울이기보다 일찍 잠자리에 드는 일이 더 중요해진다. 사람들이 오고 가며 그들이 가져다주는 영적 선물이나 뿜어내는 영적 효모는 전혀 알아차리지 못한다.

사랑하는 법을 배우지 못하면 목적을 위해 살아가는 법도 알지 못한다. 결국 삶은 메마르고 욕구만 쌓이게 된다. 우리의 가난과 순명 서원도 역동적이고 활기 찬 사랑의 성체성사적 삶이 아니라 점차 교회법 조문만 중시하는 생활이 되어 간다. 자기 이해는 사라지고 꼭 필요한 순간조차 지지를 못 받음으로 인해 삶은 진이 빠져 버린다. 힘겹게 얻은 지혜나 사랑의 에너지를 찾아볼 수 없고, 다른 사람에게 내어 줄 마음도 없어진다.

이상하게 들릴 수도 있지만, 진정한 정결은 관계를 낙담시키기보다 발전시키는 접착제를 제공한다. 우리가 자유로이 사랑할 때 우리는 동시에 많은 사람을 자유로이 사랑하고 그들 모두를 우정의 그물망 속으로 데려와 함께하며 힘을 얻는다. 서로 관계를 맺고 있기에 고립되어 있지 않고 이기심이라는 재앙에서 구원된다. 소유하고 통제하며 지배하고 흡수하려는 욕구에서 해방되어, 모든 곳에서 편견 없이 선을 보게 되고 거기에 멈추어 서서 선을 인식하며 선이 새로운 생명으로 나아가도록 사랑하게 된다. 한 번에 하나씩 차례대로. 정결하게 사랑하는 사람은 전적으로 상대방을 위해 사랑하며 아름다움에 놀라고, 스스로도 삶이 더 풍요로워짐

11. 사랑으로 부르심

을 알게 된다.

황홀경으로 빛나는 성적 사랑은 개인에게 신체의 아름다움과 그 자체의 숭고함을 가르쳐 준다.

평범한 세심함으로 빛나는 정결한 사랑은 사랑에 찬 영혼의 아름다움과 다른 사람을 위해 자기를 초월함으로써 이루어지는 성취를 가르쳐 준다. 정결을 가르치면서 사랑을 가르치지 않는 것은 하느님을 가르치지 않으면서 영신 수련을 가르치는 것과 같다. 감정 없는 과정은 이유도 없이 아무런 효과를 내지 못한다.

정결과 사랑의 결합

성장을 위험으로 여기는 사람들에게 정결과 사랑의 결합은 당연히 위험스럽다. 현재의 수도 생활에 이르기까지 정결의 양성에서 최상의 영적 수련은, 사랑을 불가능하게 하는 무의식적 선택이라는 체제 속에 사람들을 가두는 것이었다. 그것을 정결이라고 일컫고, 그러한 수련이 주가 되어 왔다. 그것은 호르몬이 다 없어질 때까지 스스로를 속박해 놓아 호르몬을 소진한 듯 자신을 속이는 것으로, 세월이 흘러도 조금도 현명해짐 없이 생기만 잃어버릴 뿐이다. 사실 이때 정결과 관련된 두 가지 위험이 발생한다. 하나는 관계의 발전과 그에 따라 요구되는 성장에 있어서 문제가 될 위험이고, 또 하나는 신체적으로는 '정결' 하나 정서적으로는 감정 없는 삶에서 기인한 피상성과 영적 유아 등의 위험이다. 해답은 사랑하지 않기로 선택하는 데 있지 않고, 온 마음으로 두 가지 상황 가운데 우리의 사랑이 진정한 것이 되고 우리의 정결이 결실을 맺도록 선택하는 데 있다.

성숙한 수도자가 공적 역할을 통해 개인적인 성장의 장을 마련하는 것은 탐구의 고통과 자연적인 시련과 선택의 순간들을 극복함을 의미한다. 그 결과 온전함이 이루어지고 정보를 통해 알게 된 헌신도 생겨난다. 물체가 폭발해 생명의 아름다움으로 전개되는 창조와 거리가 먼 남성적 교회는 마치 몸 자체가 영적인 것이 아닌 듯 신체를 부정하고 자기 상실과 '영적인 것'에의 집중을 강조한다. 반면, 여성은 감정을 동반한 사고와 인간 정서에의 신뢰, 그리고 통제된 친밀감보다는 세련되지 못한 초연함 등의 선물을 교회에 가져온다. 사실 오늘날 세상은 정결에 대한 보다 여성적 접근을 필요로 한다. 그것은 서로에게서 배우고 가장 인간적인 순간에 가장 심오한 자신을 발견하게 해 준다. 이제 몸을 두려워하기를 그만두고 사랑에 대해, 자기 자신과 희생과 성장에 대해 정결이 영혼에게 건네는 말을 찾아야 할 필요가 있다.

사실 순명이란 순응에서 선택으로 성숙해 나가는 것임을 늘 알고 있었다. 가난은 탐욕에서 너그러움으로 성숙하는 것임을 익히 이해하고 있었다. 그런데 정결은 과정이라기보다 하나의 사건처럼 간주해 왔다. 태어나는 순간부터 신체 변화와 호르몬 분출 등에도 불구하고 정결을 강요하듯 부과했던 것이다. 아이러니하게도 인간의 몸을 몹시 경멸했던 테르툴리아노야말로 내면 깊은 곳에서 인간의 몸을 참으로 이해한 유일한 사람이다. 테르툴리아노는 "50세가 되어서야 비로소 동정녀가 될 수 있다."고 생각했다. 어쩌면 그가 옳았는지도 모른다. 몸이 계속되는 씨름으로 길들여지고 삶의 시험들을 거치는 가운데 흥분과 분출이 자기 이해와 영적 깊이로 바뀐 후 잠잠해지고 나서야 비로소 우리는 부정보다는 사랑인 정결에 이를 수 있다. 들떠 있는 몸을 통제하기 위한 의식적인 다짐의 반복이 오직 생명에 대한 사랑과 하느님에 대한 사랑이 하나가 되는 정신의 정결에 이르기 위한 것임을 깨달을 때, 정결은 승리하고 사랑이 된다.

　이러한 자기 통제(극기)와 자기 증여, 자기 이해의 여정은 길고도 힘들다. 이는 자연스러운 탐구와 정서적 성장, 인간적 표현과 터무니없는 착취 사이에서 힘겹게 나아가는 여정이다. 그러나 이 길은 살다 보면 누구나 걷게 되는 길이다. 그러기에 깨달음과 겸손, 하느님께 대한 의탁과 신뢰, 사랑과 신앙이 요구된다. 그 길이 참으로 거룩하고 활기차며 생명을 주는 길이 되려면 그 도정에서 얻게 되는 교훈과 경솔했던 사랑에 대해 죄의식이나 무분별한 수치심을 왜곡하기보다는, 정결이 그 모든 것을 감내할 만한 가치가 있다는 확신에 차 있어야만 한다. 인간적이 되는 것이 바람직하다. 자기만족을 추구하며 자기 통제(극기)는 단념하고 사람들을 정서적으로나 육체적으로 이용하고 착취하면서 몸의 욕구를 위해 마음이 원하는 바를 무시하는 태도는 자연스럽지 못하고 비인간적이다.

이제 수도자는 틀 밖으로 나와 일과표를 초월하여 남녀 사이에서 또 여러 장소에서 보편적이면서 위험한 여러 도정에 서야 한다. 이 세상에는 받아야 할 사랑이 많고, 주어야 할 사랑은 더 많으며 거짓이 많은 반면 진실도 많다. 도중에 넘어지거나 실패한다고 망신당하는 것은 아니다. 사실 넘어지고 실패하면서 사랑하는 법을 배워 나간다. 그러나 그 길을 가는 동안 자신 속에 갇혀 버리거나 투쟁을 포기하고, 이기심을 버리기보다 자기만족에 빠져 버리면 우리가 추구하는 바에 진실하지도 못할 뿐 아니라 만나야 할 사람들에게도 진실하지 못하게 된다. 그것이야말로 가장 명확히 정결에 위배되는 것이다.

12. 선택하도록 부르심

개인주의가 판을 치고 개인의 자유에 몰입하는 문화에서 순명 서원에 대한 개념 자체는 서구 정신과는 정반대 상황의 극에 이른다. 그러나 동시에 그것은 이러한 문화가 무질서 상태를 가지고 노는 것으로 여기도록 몰아치는 자유주의 철학을 훨씬 넘어선다. 사실 20세기 이후 젊은이들은 그리스도인들의 종교 재판, '마녀' 화형, 유다인 학살, 흑인 인종 차별, 다수 군인들의 여성 강간, 포로의 생매장, 종교적 열정에 의한 테러, 훼손되기 쉬운 행성 지구에 가해진 핵의 위협 등 순명의 위험성이 실제적 모습으로 드러난 결과 곁에서 살아가고 있다. 그 모든 일들이 숭고한 정신에 따라 행해졌을지는 모르지만, 하나같이 부패했고 권위와 순명의 피해를 입었다. 고분고분하게 순종한 사람들은 북소리에 맞춰 행진했고, 국기에 경의를 표했으며, '모든 명령을 따르고' 비판 없이 독재자의 의견을 승인했다. 언제나 선량하고 유순한 사람들이 순명을 내세워 무수한 악을 행했다. 권위보다 오히려 순명이 서구 문화를 냉정하게 만들어 본래의 모습을 상실시켰다. 순명은 위대한 사상가들 사이에서 신중히 고려되어야 할 대상이 되었다. 순명이 언제나 미덕은 아니라는 사실이 분명해졌다.

사실 순명에 대해 한 번쯤 의심해 봤어야 했다. 알렉산더 헤르젠 Alexander Herzen은 다음과 같이 쓰고 있다. "모든 종교는 도덕성의 바탕을 순명, 즉 자발적 예속에 두고 있다. 그렇기 때문에 종교는 언제나 어떤 정치 조직보다 더 파괴적이다. 정치 조직이 폭력을 이용한다면 종교는 의지의 부패를 이용한다." 역사에 비추어 볼 때 앞으로 어떤 도덕적 기여를 행하든 그러한 '순명'은 우리를 회의주의자로 만들고 말 것이다.

모든 순명이 최선은 아니라는 사실로 인해 우리는 도덕적으로 씨름해야 한다. 순명은 때로는 맹종에서, 때로는 정치나 가부장제에서 비롯된다. 단지 일부의 순명만이 성경에 그 뿌리를 둔다. 순명을 식별할 수 있게 되면 도덕적으로 살아갈 수 있다. 그리고 그것을 바탕으로 수도 생활도 제 기능을 한다. 순명이 잘못될 수 있는 세상에서의 순명 서원은 서원 역시 의심스럽게 한다. 수도자의 서원이 수도자의 미성숙과 동의어인가?

물론 근본적으로는 수도자의 순명이 개인의 통제와 자유 중 무엇을 위해서인지를 묻고 있다. 이 질문의 중요성을 과소평가해서는 안 된다. 이에 대한 답변이 서원 자체의 보전에 큰 차이를 가져오기 때문이다.

  수도자는 영원한 유년기, 의존, 분별없음이 아니라 순명을 서원한다. 이에 대한 구분이 수도 생활과 로봇 같은 수도자와의 차이를 알게 해 준다.

  순명이 통제를 뜻한다면 그 제도는 사소함의 극치에 다다르게 된다. 어린아이의 통제는 단순하다. 한 사람을 확실하게 통제하기 위해 필요한 단 한 가지는 자신이 가하는 위협에 상응하는 힘을 모을 수 있는 권위이다. 순명 서원을 사소하고 불가능한, 심지어 파괴적인 것임에도 지시에 따르는 삶에 대한 약속과 같다고 여긴다면, 그것은 순명 서원의 의미를 놀리는 셈이다. 순명을 점점 더 높여 가는 장애물 경기로 폄하해서는 안 된다.

  이처럼 한 사람을 통제하는 일이 쉽다면 그 통제에 의존해 안전함을 느끼며 영원한 어린아이로 남아 있는 것은 더 쉽다. 영원한 어린아이가 되기 위해 필요한 한 가지는 성장을 거부하는 것이다. 즉, 스스로를 책임지기를 거부하고, 책임 있는 인류의 일부 또는 도덕적 주체로서 자신을 펼치기를 거부하는 것이다. 이때 순명은 우리를 자기 자신에게서 떼어 내어 인간적 조건에 매이지 않고, 기본적으로 억압하는 체제에 뒤따르는 초조함을 견뎌 낼 인내만 요구할 뿐이다. 이런 구조에서 영원한 청소년기는 덕이 된다. 삶의 선택에 있어서 우리는 책임을 지지 않으리라는 확신을 위해 성인이라는 대가를 지불한다. 대신에 안전을 보장받는다. "규칙을 지키면, 규칙이 여러분을 지켜 줄 것입니다."라고 수련장은 말해 왔다. 전달하고자 하는 의미가 분명하다. 수도 생활이란 일종의 윤리적 합의이기 때문이다. 삶을 수도회의 체제에 맡기면 그 체제가 다른 곳에서의 영원한 삶을 제공하리라는 것이다. 그 과정의 일부가 되기 위해 개인이 할 일은 지시를 받는 것이었다. 쉽다, 협정을 맺는 시간이기에.

이 세상에 사는 사람 중 통제로서의 순명과 해방으로서의 순명이라는 두 가지 상황의 진리를 아는 사람이 있다면 그 사람은 분명 수도자여야 한다. 그런가 하면 수도 생활은 어떠한 규칙도 모르고 규칙을 살지도 않았지만 최상의 규칙을 알고 살았던 순교자들, 즉 모든 것에서 가장 자유로이 해방되었던 사람들의 그늘 속에서 번성했다. 또 수도 생활은 영원한 유아증이라는 이상 증세를 성화해 거룩한 순명이라고 부르며 어느 제도보다 더 통제력이 강한 제도가 되었다. 두 개의 관점, 즉 미성숙을 수용할 수 없게 한 관점과 성인의 의사 결정을 의심스럽게 한 관점 사이의 간극을 누가 못 본 척할 수 있겠는가?

통제에 대한 논의는 보편적인 것이 되었고, 그 시나리오는 아무리 잘 봐도 별 품위 없는 것이 되었다. 하느님께 의존한다는 개념은 '우리를 위해 하느님의 자리를 대신한' 사람에게 의존하는 것으로 제도화되었다. 아리스토텔레스가 유려하게 표현한 계급, 곧 하느님과 지배받는 이들 사이의 서열이 모든 시대에 분명해졌다. 물론 주교와 사제가 먼저이고, 그 다음이 장상과 장상의 대리자, 그리고 위에서 말한 이들의 휘하에 있는 나머지 모든 사람들이다. 말로는 이들 모두가 하느님의 뜻에 직접적으로 참여한다고 한다. 이 논리는 섬뜩한 동시에 우리를 매혹시킨다. 왕이 신권을 지니고 있다는 이 철학은 그에 반하는 현대 민주주의 사상에도 불구하고, 또 그에 대한 곳곳의 거부에도 아랑곳없이, 수 세기 동안 수도 생활 안에서 잘 살아 있었다. 이론상으로 권위는 하느님께로부터 와서 교황에게, 또 그 다음 교황을 통해 왕들에게, 최종적으로는 왕들을 통해 하위 군주들에게 전해진다. 이러한 가르침 속에서 신적 언어로 표현된, 중세 신학이 지닌 비공격적 특성으로 무장한 제도 (계급 제도)는 시간을 초월해 신비주의적 분위기를 띠었다.

직무상 무류성

직무상 무류성 이론의 매력은 오늘날까지도 이어진다. 그러나 그 실천은 이론과 다르다. 이론상 질서가 없으면 사회는 무너지고, 인간의 질서는 하느님께로부터 오며 주로 공적 지위에 있는 이들에게 있다고 주장한다. 문제는 권력의 피라미드의 최상층에는 가장 비인간적인 방법으로 위험할 정도의 권력이 집중된다는 점이다. 그리고 그것은 피라미드 맨 아래에 위치한 이들의 개인으로서의 책임과 권위에 대한 존중을 감소시킨다. 그들은 사회가 상층의 파렴치하고 어리석고 타락한 이들의 권력에 좌우되지 않도록 힘쓰지만, 그곳 역시 원형이 아니라 피라미드형이 사회적 관계 형성의 모델이 된다. 하느님이 주신 왕의 권한(왕권신수설)에 따른 순명은 강하고 지적인 것과, 제도적 종복을 포함한 모든 인간에게 요구되는 바, 즉 '동산을 가꾸고 지키는 일'을 취해 그것을 섬김의 직분으로 전환하는 것이다. 그것은 인류 전체에 우주를 돌보는 책임을 지우는 대신에, 우리 중 일부에게 선천적으로 올바르고 의문의 여지가 없는 강한 권한을 부여하여 나머지 사람들을 윤리적 노예로 삼는다. 그렇게 되면 어떤 민족은 아무런 의심 없이 단순히 '명령을 받고 지시대로 행하며 권위에 순명하는' 법을 배운다. 어떤 민족은 가장 극악한 행위에 대해서도 아무런 양심의 가책 없이 뉘른베르크 전범 재판소로 갈 수 있다. 그리스도인 공동체가 어떠한 공식 입장에 대해 도덕적으로 확실하다고 인정하는 '신앙감각sensus fidelium'과 교회 내에서 이루어지는 성령의 역할이 교회 자체의 고결함을 손상시킨다. 이와 같은 순명은 리더십 개념 자체를 더럽히고, 성인成人이라는 개념을 부식시키며, 인류의 존엄성을 좀먹는다.

의무 공교육, 누구나 다 받는 교육, 경제 독립 등에도 불구하고, 윤리적 노예 상태에 버금가는 순명과 같은 생각이 간단히 영원히 계속될 수는 없다. 한편, 계몽주의 철학자들은 권위란 다스림을 받는 사람들의 동의에 달려 있다고 가르쳤다. 다시 말해 피라미드 바닥에 자리한 사람들이 허용하지 않는 것은 일어날 수 없다는 것이다.

비굴한 종속에 바탕을 둔 순명은 우리로 하여금 잠재적 선물, 인간의 책임에 따른 재능을 활기 없이 드러내게 한다. 대신에 새로 규정된 사고가 함축하는 바인 진정한 순명은 보다 상위의 법을 대표해 빌라도 앞에 서고, 바리사이들과 논쟁하며 안식일에 중풍 병자를 고치신 예수님 안에서 가장 빛난다.

선택을 당연하게 하고 어떤 덕에 의문을 제기하는, 진정한 순명은 고위 자리에서 환영받지 못한다. 이러한 순명은 자신과 제도에 위험을 가져오기 때문이다. 진정한 순명은 지상에 사는 동시에 시선을 하느님 나라에 둔다. 아이러니하게도, 늘 섬김의 자세를 갖추고 있는 진정한 순명이야말로 무비판적으로 순명을 강요하는 모든 구조에 대해서 비판적이며 그러한 구조에 의존하지 않는다.

수도자를 교회의 말 잘 듣는 어린아이로 간주하는 사람들이 늘 걱정하는 점은, 어른들로 가득한 수도 생활에 대한 두려움이다.

동시에 현대 사회에서 수도 생활의 역할을 서서히 갉아먹는 것은, 덕의 가면을 쓴 심리적 의존, 영원한 유년기이다.

요즘 시대가 순명에 대해 염려하는 양극단은 제1차 바티칸 공의회에서 제2차 바티칸 공의회 사이의 거리만큼이나 멀다. 현대 수도 생활은 지상에서 순명 게임을 함으로써 하늘나라라는 모래 놀이통을 차지하려는 겨룸 이상이 되어야 한다. 순명에 대한 블랙박스 이론, 즉 우리 삶이 질문하는 바에 대한 모든 답변은 이미 하느님께서 계획해 두신 상태이고, 그 답을 제대로 얻기 위해서는 우리가 모르는 것을 알고 있는 윗사람들에게 순명하는 것이라는 이론은 갈릴레오나 현대 과학이 등장하면서 사라졌다. 사실 권위에 귀 기울이는 것보다 삶에서 일어나는 일에 더 귀를 기울일 필요가 있다. 아니면 교회든 나라든 조직의 관리보다는 삶 속에서 나오는 권위에 더 많이 귀 기울여야 한다는 편이 더 바람직하겠다. 우리는 내면의 성령께서 내는 작고 고요한 소리에 귀를 기울여야 한다. 삶 그 자체에 귀를 기울여야 한다. 진리 전체를 찾을 때까지 이 답변에서 저 답변으로 나아가야 한다. 질문하는 법을 배우고 탐구하는 법을 배워야 한다. 순명은 아무리 신뢰를 한다고 해도 유치한 어린애 같은 의존이 아니다. 순명은 자신의 책임을 몸소 의식하는 데 열중하는 생활이다.

개인과 권위 사이의 균형

　20세기 수도 생활의 주된 사안 중 하나는 개인과 권위라는 양자 모두 보편적인 선 사이에서 이루어야 하는 미묘한 균형이다. 이 둘의 부패에서 나오는 문제는 주된 사안이 아니다. 개인주의와 권위주의는 어떤 조직이 미치는 영향과 그 조직이 지닌 중요성을 침해한다. 개인주의와 권위주의는 역병처럼 피해야 할 대상이다. 개인주의에서는 해당 조직이 각 구성원에게 봉사하기 위해서만 존재한다고 한다. 권위주의는 어떠한 개인도 절대 권력자의 지시보다 더 큰 권한을 갖지 못한다고 한다. 이렇게 대립되는 두 가지 생각의 쥠틀에 걸려든 수도 공동체는 그 자체를 제외한 어느 누구에게도 도움이 되지 않는 양극단 사이에서 갈팡질팡하며 혼동에서 강압으로 나아간다. 권위주의는 리더십과 혼동되고, 집단 지도 체제는 빈번히 지도자 부재로 변질된다. 결과적으로 수도 생활은 혼란 속으로 빠져들고, 수도회는 사회에서 행사할 힘을 잃으며, 고유의 은사를 지닌 개인은 자신의 은사를 더 넓은 세상에 거침없이 조건 없이 내어 줄 기회를 거부당하게 된다.

　자신을 최대한 발전시킨 개인은 해당 집단의 카리스마를 살아 있는 진리가 되게 한다. 카리스마와 카리스마가 지닌 현대적 의의를 항상 회원들 마음에 일깨워 주는 역할을 하는 권위는 시대의 변화에도 수도회가 진실성을 지키게 해 준다. 권위는 그 수도회가 직면할 필요가 있는 질문을 제기해 주고, 수도회에 방향성을 제시하고 일치를 가져다줄 때 그 역할을 다했다고 볼 수 있다. 권위는 명령하기 위해서가 아니라, 집단의 원활한 활성화를 위해 존재한다.

리더와 회원이 함께 수도회의 카리스마와 공동체에 헌신하는 수도 생활을 통해 권위와 개인주의 사이의 긴장을 해결하고자 할 때 복음의 지시에 대한 수도 생활의 순명은 모두가 볼 수 있을 만큼 밝게 빛난다. 순명은 리더나 회원 어느 쪽에도 명령이나 독립, 통제를 위해서가 아니라, 언제 어떤 상황에서든지 세상에 복음을 가장 잘 실현하기 위해서라면 망설이지 않고 선택하도록 하기 위해서 요구된다.

권위는 존중되어야 한다. 어느 수도회든, 어떤 삶이든 지도(안내)가 따라야 하고 지시와 리더십과 모델이 필요하며 문제를 제기하고 질문을 존중하는 통합의 중심이 필요하다. 아무도 원하지 않고 아무도 할 수 없는 일은 조직의 이익을 추구하는 데 있어서 인간 영혼이 지닌 성인으로서의 의무를 무효화하는 것이다. 정신의 변절은 그리스도인의 덕목이 아니다.

말하자면, 군사적 복종이나 유치한 유순함을 원하게 되면서 순명은 수도 생활이라는 명목하의 하찮은 것이 되고 말았다. 안타깝게도 오랜 시간에 걸쳐 발전해 온 순명 서원이, 성전에서 악령을 쫓아내고 국가 권위에 맞섰던 예수님으로부터 개개인을 최대한 떼어 놓아 버렸다. 그러자 무감각해진 영혼들은 종교 재판과 유다인 대량 학살, 인종 차별, 테러, 그리스도인의 핵무기 보유주의, 전쟁 속으로 빨려 들어갔다. 어디선가 '우리를 위한 하느님의 뜻'으로 변장한 마귀들이 누군가에 의해 세상 속으로 들어온다.

국가와 교회에 영예롭게 헌신한다는 명목으로 개인의 책임을 이처럼 감소시키는 일은 왜 계속되는가? 어쩌면 토마스 아 켐피스가 순명의 역동성을 가장 잘 이해했는지 모른다. 그는 "다스리기보다 순명하는 것이 훨씬 더 안전하다."고 썼다. 대면하기보다는 따르는 것이, 도전하기보다는 순응하는 것이, 제도에 맞서기보다 따라가는 것이 훨씬 더 안전하다는 말이다. 훨씬 안전하고 확실하며 쉬운, 궁극에는 훨씬 더 일상적인 일이 되어 버린다.

그리고 그 때문에 순명이 서원인 것이다. 진정한 순명은 절대로 쉽지 않고, 결코 조직의 명령이나 군사적 복종 수준으로 폄하될 수 없다. 순명은 유일한 것이다. 인간의 마음 가장 깊은 곳에 있는 하느님의 최상위 법이 전달해 주는 도덕적 선택이다. 그 외의 것은 복종의 기미는 띠겠지만 절대로 순명은 아니다. 순명의 내용은 인간 영혼의 윤리적 본질을 위협하는 것들만 포함한다. 즉 전쟁에서 무고한 사람을 이유 없이 살상하는 데 저항하고, 일부 민족을 억압하는 일을 지지하지 않으며, 마땅히 존중되어야 할 백성의 권리를 부정하는 정부에 맞서고, 지구 파괴를 막으며, 힘없는 자들이 학대당하지 않도록 보호하고, 휘하의 사람들을 무시한 채 권위를 남용하는 당국에 의문을 제기하는 일 등이 모두 순명에 속한다. 그 이하의 것은 무엇이든 조직의 가구 배치일 뿐이다. 즉 그럴싸하고 필요할지언정 기본적으로 비도덕적인 일이고, 명령을 존중하는 것이지만 순명 서원의 가치에는 이르지 못한다.

강력한 무기

순명은, 가난한 이들을 억압하고 약한 자를 강탈하며 인간에 대한 하느님의 뜻을 뒤집기 위해 권력자들이 저지르는 사악함 등에 저항하는 강력한 무기로 빛을 발한다. 참된 순명은 진정 두려운 것이 된다.

참된 순명은 하나의 유일한 법에 귀 기울이고 그 밖의 모든 것은 유일한 법의 잣대로 측정하며 그 법을 선포하는 사람을 위해서가 아니라 상위의 법 그 자체를 위해 응답한다. 하느님께 중요한 것, 세상을 하느님 나라에 더 가까이 다가가게 하는 것이야말로 순명의 저울에서 유일하게 가늠할 가치가 있다. 대중적 성공이나 사적인 이익, 사회적 인정도 중요하지 않다. 제도 자체가 보증한다 해도 참으로 순명하는 자에게는 하느님의 상위 법 대신에 그보다 하위 법이나 그 제정자에게 순명하게 할 수 없다. 지시자의 명성이 아무리 자자하다 해도 하느님의 뜻이 아니라면 다른 사람들의 지시에 생명을 바치는 일은 정당화될 수 없다.

순명의 기능은 인간의 의지를 축소하거나 조종하는 데 있지 않다. 반대로 순명은 일상의 사소한 요구나 제멋대로 안내하는 자의 영적 변덕보다 훨씬 더 위대한 일을 위해 인간 영혼을 자유롭게 해 준다. 진정 순명은 자유롭게 한다. 개인을 노예로 삼지 않는 것은 물론 쇠약하게 하지도 않는다. 사람을 조종하는 것이나 꼭두각시놀음은 서원의 합당한 목적이 아니다. 그러한 순명은 세상 사람들을 위험에 빠트릴 뿐, 성숙한 사람이 수도 생활을 통해 하느님의 뜻을 성취하고자 자기 삶을 봉헌하도록 영감을 주지 못한다.

또한 순명은 개개인이 지닌 가치를 감소시키지도 과장하지도 않는다. '나'는 알 수 있는 바의 일부분을 알 뿐이다. 내 말이 곧 최종 결론이 될 수는 없다. 그냥 말일 뿐이다. 그리고 우리 모두 주변의 말에 귀를 기울일 필요가 있고 들어야 하지만, 그렇다고 모든 진리를 다 알 수 있는 것은 아니다. 경례는 권위를 지닌 사람에 대한 경의, 즉 과장된 존중을 취한다. 진정한 순명은 평판이 나쁘거나 모순되는 입장을 지닌 권위에 저항함으로써 받을 수 있는 인간적 불안을 무릅쓸 정도로 성숙함과 독립심, 자율성과 겸손을 요구한다. 동시에 순명은 자신의 경험 영역을 확장하여 다른 사람들의 경험과 지혜와 통찰에 주의를 기울인다. 수도자의 순명은 무모한 독립심이 아니다. 그리고 리더십을 회피하지도 않는다. 오히려 순명은 리더십을 요구한다. 한 집단의 진보는 그 집단이 당면한 사안을 직면하고 다룰 수 있는 능력에 달려 있다. 사안의 문제점을 제기하고 정의하며 이에 필요한 정보를 제공하는 것이 리더십이다. 그렇다면 개인의 성숙이나 상위의 순명이라는 명목으로 리더십을 방해하는 것은 전체 집단의 진보를 방해하는 것이 된다. 오늘날 수도 생활의 발전에 필요한 것이 곧 권위주의도 아니고 개인의 자율성이나 '양심'을 가장한 저항도 아닌, 진정한 리더십이다. 사실 집단이 자율성과 성숙을 혼동할 때 리더는 그 집단을 이끌어 갈 수 없다.

순명은 우리가 모든 사람에게 귀 기울여, 변화의 바람이 불 때 가장 분명하게 성령께서 말씀을 건네는 이의 소리를 명확히 알아듣도록 한다. 또 가난한 이들과 무지한 이들에게 귀 기울이고, 강력한 권력자뿐 아니라 미소한 이들에게도 고개를 숙이도록 한다. 이처럼 순명은 성체성사를 필요로 하고 참된 행복을 추구하는, 세상을 향한 예수님의 부르심과 하느님의 목소리, 성경이라는 필터를 통해 모든 사람과 만물에 귀를 기울이는 것이다.

요컨대 진정한 순명은 영혼으로 하여금 조직의 사소함과 인간적 제도를 뛰어넘어, 거짓된 구속을 모르는 최상의 인간성에 이르게 한다. 그리고 하느님 나라를 불가능하게 하는 규칙을 용인하지 않고 성령을 방해하는 법을 쫓지 않으며 인류를 위한 하느님의 뜻에 먼저 절하는, 아랫사람들에게 고개 숙일 줄 아는 사람에게만 경의를 표하게 한다. 순명은 삶에서 부모 역할을 맡은 사람들을 만족시키거나 행복하게 해 주려는 어린아이들의 훈련이 아니다. 그것은 곧 하느님의 뜻을 찾아가는 평등한 사람들의 작업이다.

순명 서원이 제대로 이루어질 때 순응과 고분고분함, 보상과 체제가 하느님의 자리를 대신하지 않는다. 권위가 제대로 기능하면 리더십은 단순한 강요 이상이 되고, 응답보다 질문이 더 중요해지며, 통찰을 부여하는 일이 지시를 받는 일보다 더 중요해진다. 순명 서원이 제대로 이루어질 때 수도 생활은 개인의 방종이나 온유한 독재라는 극단에서 벗어나 서로 영감을 주고 감화를 주며 리더십과 부르심이라는 분명하고 멋진 확실성으로 나아가게 된다.

수도 생활의 기능은 최상의 법에 대한 순명을 드러나게 하고, 인간이 표하는 경의를 빛나게 하며, 하느님의 뜻을 인류 전체에 드러낸다. 그리고 우리가 최상의 도덕적 응답을 할 수 있도록 세상의 요청에 귀 기울이도록 초대한다.

순명은 선택에 달려 있다. 순명은 살아가는 일련의 규칙이나 인간의 무정함을 제도화한 것이 아니라 개개인의 결단을 위한 기준이다. 세상이 필요로 하는 바가 사랑의 법을 지니고 하느님만을 유일한 목표로 삼는 종교적 영웅이라면 누가 로봇처럼 움직이는 수도자를 보고 경탄하겠는가?

선택만이 증거를 참되게 한다. 선택만이 성장을 참되게 한다. 수도 생활이 참된 생활이 되려면 선택을 의심스럽게 하고 성숙함을 거짓되게 하는 것을 주의해야 한다.

그처럼 선택을 잘하기 위해서는 선택을 분명히 하고 질문을 제시하며 답을 가능하게 하는 리더십이 순명에 필요하다. 리더십이 부족한 사람이 권위를 내세운다. 자신의 권위를 고집하는 사람이 순명이 지닌 모든 가능성과 리더십에 대한 모든 희망을 파괴한다. 자유롭지 않다면 절대 선택할 수 없다. 힘은 행위를 변화시킬 수는 있지만 영혼을 형성하지는 못한다.

억압이 자행되고 성차별이 아무렇지도 않게 이루어지며 권위주의가 판을 치는 세상에서 우리의 선택은 수도자의 순명을 가치 있게 한다. 일상생활에서 이루어지는 모든 결정 가운데 하느님을 향할 기회가 곧 선택이다.

세상은 자신의 영적 삶을 제도의 승인 여부에 맡긴 채, 결정도 어떤 입장도 취하지 못하는, 도덕적이든 부도덕한 것이든, 혹은 도덕의 개념조차 없이 선택을 하지 못하는 무능력을 성화라고 규정하는 수도자를 원하지도 인정하지도 않는다. 순명은 오랜 세월 동안 영적 발육 부전의 상태에 있었다. 혼돈 속의 세상은 이제 모세의 단호함과 예수님의 순명을 지닌 수도자를 필요로 한다. 그것이야말로 성화에 이르는 조합이다.

잘 알려진 대로, 로버트 프로스트Robert Frost는 다음과 같이 썼다.

먼 훗날 어디선가
한숨을 쉬며 이야기할 것입니다.
숲 속에 두 갈래 길이 있었다고,
나는 사람이 적게 간 길을 택했다고,
그리고 그 때문에 모든 것이 달라졌다고.

선택 없이, 세상 전반에 아무런 차이도 가져오지 못하는 수도자의 순명은 절대 순명이 아니다. 그러한 순명은 담대한 성인聖人을 필요로 하는 세상에서 기껏해야 유치함을 행사할 뿐이다.

13. 어둠 속의 빛

　미셸 푸코Michel Foucault는 저서 「The Concern for Truth(진리에 대한 관심)」에서 다음과 같이 쓰고 있다. "지성인이 할 일은 다른 사람들의 정치적 의지를 형성하는 것이 아니라, 자기 분야에서 행하는 분석을 통해 증거와 가정을 다시 점검하고 일과 사고의 습관적 방식을 뒤흔들며 전통적으로 친숙한 것을 새롭게 하고 규칙과 제도를 재평가하는 것이다." 이는 안주하고 있는 세상 저변에 자리한 공포를 직면하도록 일깨우는 것이 지성인의 역할임을 강조하고 있다. 인간성을 고양한다고 주장하는 체제들이 실제로는 그 인간성 유지에 보이지도 들리지도 않는 사람들을 밟고 존재하는 경우가 허다하다. 예를 들어, 산간 지역 사람들이 노예처럼 열악한 노동 환경 속에서 일하며 제 명대로 살지 못하고 죽는 덕에 우리는 식탁에서 좋은 커피를 마신다. 또 채무국에서 수출 작물 생산을 과도하게 요구하는 바람에 해당 국가에서는 굶주리는 농부들이 먹고 살 채마밭도 마련하지 못한다. 그런가 하면 가난한 어린

이들의 식권은 빼앗고 부유한 자들에게는 세금 혜택을 준다. 이런 상황이 새로울 것은 없다. 수많은 문명이 국가 이익이라는 제단에서 문명 세계의 가난한 이들을 희생해 왔고, 우리는 그들을 '이교도'라고 일컬었다. 더욱 안타까운 것은 많은 경우에 화려하고 아름답게, 예를 갖추어 영광스럽고 큰 소리로 깊은 존중을 표하며 그렇게 했다는 것이다. 내면 깊이 보지 않으면 악한 면들도 근사해 보일 수 있다. 수도 생활의 운명 또한 마찬가지다.

현재 우리가 사는 세상에서 수도 생활이 소금의 가치를 발휘하려면 빈곤한 이들에게 친절한 말과 선행 이상을 행해야 한다. 곧 추한 것을 그냥 받아들이는 자선을 넘어서, 추한 것 자체를 불가능하게 하는 정의로 이끌 사상가가 필요하다. 보이지 않는 가난한 이들의 희생의 대가로 얻은 무모한 진보의 음산한 골짜기에서 인간성의 높은 산정으로 우리를 다시 들어 올려놓아 줄 우주의 양심적인 파수꾼(observer, 지켜보고 지적해 줄 사람)이 필요하다.

"그들은 무엇을 알고 있고 언제 그것을 알게 되었는가?"라는 질문이 이 시대의 유행하는 정치적 질문이 되었다. 그러나 이는 수도자가 던질 질문은 아니다. 이 시대의 수도자에게는 사실이나 정보, 기억이나 경험 등을 평가하는 것보다 훨씬 단순하고 심오한 도덕적 질문이 중요하다. 곧 "나는 무엇을 알지 못하고 왜 그것을 알지 못하는가?"이다. 당대의 위대한 신학적 · 정치적 · 경제적 ·

사회적 질문들을 지성적으로 다루는 일은 20세기 이후 수도자의 수련에 있어서 본질적인 것이다.

여러 체제의 상호 연계, 인간 생활의 지구화, 체험의 보편화, 국가 정치의 경제학 등을 감안할 때 '좋은 일'을 하는 것은 정확하게 말해서 인간에게 최소한으로 사목하는 것일지도 모른다. 예를 들어, 우리 스스로 억압하는 체제를 무심코 지지할 수 있다. 가난한 이들의 치료를 거부하는 병원에서 간호할 수도 있고, 여직원을 차별하는 학교에서 가르칠 수도 있으며, 플루토늄 무기(핵무기)를 만드는 회사에 투자할 수도 있다. 또 후대에 물려줄 땅의 파괴를 유발하는 비료를 사용해 대농장을 경작할 수 있으며, 인류의 절반을 존재하지 않는 듯 여김으로써 노예화에 기여할 수도 있다. 오늘날의 일이란 누가 이익을 얻고 왜 그렇게 하는지 모르는 상태에서 행할 경우, 우리가 헌신하는 사도직 자체에 해를 끼칠 수도 있다. 물론 언제나 지성적 생활은 종교적 헌신에 있어서 매우 중요했다. 그러나 현재 우리가 깊이 관련된 여러 사안의 범위를 감안할 때 지적 성장은 역사상 그 어느 때보다 수도 생활의 장점이 되고 있다. 서양의 산성비가 동양의 삼림을 파괴하는가 하면, 중동 지역의 전쟁으로 인해 서구에는 우울증이 증가했다. 서구의 식량 정치로 말미암아 아프리카 어린이들이 굶주리고, 디트로이트에서 캄보디아로 이동하는 농작물로 인해 두 지역의 노동자들은 일자리를 잃고 희망을 상실하게 된다.

이런 세상에서 가난한 이들에게 사목할 수 있다며 국가의 채무에 관한 기사는 한 줄도 읽지 않고, 지구 사회에 도덕적 기여를 장담하면서 제3세계의 채무에 대해서는 어떤 공부도 하지 않는다. 지구를 구할 수 있다고 상상하면서 생태학에 대해서는 배울 생각을 하지 않고, 여성 문제의 해결을 위해 일한다고 하면서 정작 여성들의 회의에는 참석하는 일이 없고 페미니스트 신학자의 글이나 여성에 대한 역사를 살펴보는 데는 1분도 할애하지 않는다. 죽어 가는 노숙자를 보살피는 이야기를 하면서 노숙이 지닌 악이나 가난한 이들을 위한 의료 혜택의 부족에 대해서는 일언반구도 없고 기껏 희미한 양심의 가책을 표할 뿐이다. 이제 단순히 친절을 베푸는 것으로는 충분치 않다. 특정 기술에 대해서 자격증은 딸 수 있겠지만, 인간의 삶이라는 큰 문제를 다루는 데 소홀한 전문 교육은 더 이상 그 가치를 다할 수 없다. 세상은 영적 수련의 차원으로 사고하는 사상가를 필요로 한다. 그 외에는 종교라는 명목으로 실천되는 거부(또는 부정)라고 봐도 될 것이다.

지적 발전의 추구

지적 발전의 추구는 서구 수도 생활에 있어서 기본이 되는 일부분이다. 누르시아의 베네딕토는 6세기에 쓴 규칙서에서 수도원의 일상생활 중에 손으로 하는 일보다 독서와 묵상reflection에 더 많은 시간을 할애하도록 요구한다. 수도원 생활은 단지 기도와 일만이 아니었다. 생활이 곧 기도와 일과 묵상과 인간적 성장이기에, 기도와 일은 내용을 가지며 목적을 지니고 본래의 모습을 유지한다. 우리는 먼저 할 일을 결정하기에 앞서 자신이 무슨 생각을 하는지 알아야 한다. 우리가 행하는 일을 왜 하는지 알아야 한다. 그렇지 않으면 그 일은 완전히 해로운 것은 아닐지라도 적어도 의심스러운 것이 된다.

수도 생활에서 이루어지는 지적 발전의 속성에 따라 그 수도회가 궁극적으로 미치는 영향과 영적 생활의 깊이, 사도직의 가치, 회원들의 재량, 수도회의 카리스마가 지닌 예언적 차원이 좌우된다. 수도자가 어떤 문제든 그 근원에 이르기까지 지적 선물을 배양하지 않은 채 '좋은 일'을 하게 되면, 활활 타오르는 미래를 구축하는 데 사용될 수 있는 수도회의 최상의 자원은 헛되이 소모되고 만다.

배우고 깊이 연구하는 것을 크게 존중하지 않으면 수도 공동체는 급속도로 신학에서 경건함(또는 신심) 쪽으로 이동한다. 이해나 견고한 성장과 예술적 능력이 있든 없든 선한 의지와 마음, 하느님께 대한 큰 사랑을 표현할 수는 있다. 경건함(신심)이 좋지 않다는 뜻은 아니다. 오히려 그 반대이다. 세상에서 하는 지적 준비를 모두 합한다 해도 여러 시간에 걸친 기도와 충실한 신심을 대신할 수 없다. 다만 신심만으로는 충분하지 않다는 뜻이다. 신학이 없는 신심, 연구하지 않고 숙고하지 않은 신심은 영적 결과를 존중하지 않고, 성경의 지시에서 쉽사리 자기 건강에 도움이 되는 것, 신비한 것, 자기 현시의 표명으로 돌아선다. 이것은 훌륭한 생각 하나가 내용 부족으로 못쓰게 되는 것 이상이다. 신심은 기분을 좋게 한다. 그러나 신학은 순전히 개인의 반응에 불과한 것을 우주적 통찰로 대체하는 일이 없도록 해 준다.

지적 생활은 영적인 길이 나아가는 지도를 만들어 준다. 활동주의는 쉽게 수도 생활에 들어온다. 사회봉사의 오랜 역사는 물론, 가까운 과거의 수도회 팽창의 역사와 개개인이 평생을 바쳐 일해서 얻은 수도회 사도직에 대한 경험의 축척 등은 오늘날까지도 끊임없는 활동이야말로 너그러운 삶과 사랑의 현존이라는 해석을 강조한다. 수백 년에 걸친 봉사의 결과는 도처에 분명하게 존재한다. 병원과 고아원, 유수한 대학과 지방 중심지의 초등학교 등등. 게다가 최근에는 옛 수련소 건물에 정의 평화 센터며 도심지 저소

득층을 위한 병원, 모원 부지의 저소득 노인들을 위한 양로 시설과 공동 농장group garden과 무료 급식소 등이 들어서 세상의 고통에 수도자가 지속적으로 헌신하고 있음을 증거한다. 하지만 과거에 전문직 교육이 중요했듯이, 이 시대에는 이 시대만의 중요 사안들이 있고, "지금 이 일을 왜 하는가?" "이제 무엇을 해야 하는가?" 등의 질문에 대한 수도자들의 준비가 요구된다. 자극과 직관과 의식은 사고를 활발하게는 하지만, 계속된 준비가 따르지 않으면 오래갈 수 없다.

어떤 체제 안에서 수도자는 종종 사회적으로 성가신 존재가 되는데, 그때 스스로 무슨 말을 하고 있는지 명확히 알고 있어야 한다. 워싱턴 상원 위원회 앞에서 증언을 할 때, 펜실베이니아 시골에서 청원서에 서명할 때, 생태계에 관한 공동 단체에 로비할 때, 가난한 이들을 위한 새로운 법안을 요구할 때, 지역 성직자들과 차별 없는 언어 사용 및 여성 사제 서품을 논할 때 우리는 자신의 말을 이해하고 있어야 한다. 그리고 이 모든 것을 하느님의 이름으로, 오래된 그리스도교 카리스마를 위해 해야 한다. 베네딕토 회원들이 평화를 이야기할 때는 전쟁의 뿌리를 이해해야 하고, 자비회 수녀가 교회 내 여성을 대변할 때는 여성을 억압하는 신학에 대해 분명히 말해야 한다. 프란치스코 회원이 자연 속의 하느님 현존에 대해 설교하려면 오염 물질의 엄청난 해악을 설명할 준비가 되어 있어야 한다. 장군이나 역사학자, 화학자가 되라는 뜻이 아니다. 해당 주제에 선의의 열정뿐 아니라 선의의 사고를 가져 다줄 수 있는 전문적인 지식을 바탕으로 한 증거자여야 한다는 뜻이다.

지적 생활은 영혼에 실체를, 사도직에는 신뢰를 부여한다. "사상ideas은 강력하다. 열심한 관상이 아니라 내적 행동에 불과하더라도 행동을 요구한다. 따라서 생각을 하게 되면 우리는 어떤 식으로든 생활을 바꾸어야 한다. 내적 생활을 바꾸는 데 그칠지라도 또한 사상은 무엇인가를 수호하도록 요구한다. 우리의 비전을 어디에 집중해야 하는지를 알려 준다. 도덕적으로 또 지적으로 무엇을 우선해야 할지를 결정해 준다."고 미지 덱스터Midge Dexter는 말했다. 확실히 지적 생활은 수도 생활의 참된 목적으로부터 주의를 분산시키지 않는다. 시간 속에서 하느님의 사랑에 찬 현존을 지적으로 선포하는 것은 수도 생활의 참된 목적이다.

복음적 현존

수도자란 사회에서 직업적으로 기도하는 사람이 아니다. 수도자는 중세 중기에 교회 중앙에서 지속적인 미사 전례의 집전을 위해 서품되었으나, 대부분이 문맹자였던 미사 사제와 동일시되는 20세기의 존재가 아니다. 그렇다고 중세 수도원 정신으로 현대에 대속 신학을 전달하는 자도 아니다. 당시의 수도자는 바쁘고 요직의 부유한 은인들을 위해 대신 고행함으로써 봉사하는 것이 소임이었다. 지금은 그렇지 않다. 수도 생활은 도시 한가운데서 복음적 현존이 되고자 나선다. 수도자들은 기도에 전념하고 관상적 용기의 재촉을 받아 도시 전체에 희망의 목소리요 경고의 목소리를 낸다. 이를 행하기 위해서 수도자는 사회 참여적 존재로서 준비되어야 하며, 기도할 뿐 아니라 예언적 존재가 되어야 한다.

현재는 불안정하다. 아노미 현상이 만연하고, 감소하는 자원과 사회나 교회의 다양한 새로운 요구들에 직면하고 있다. 죽어 가는 이 시대에 여전히 강인한 생명력으로 불타오르며 온전한 석탄을 지키고 있는 수도회는 특정 교회의 전례와 언어에 대한 질문들과 씨름하는 동시에, 아이러니하게도 설립자들이 다룬 질문들도 다루어야 한다. 지금이 여러 가지 새 기관들을 세워야 할 때일까, 아니면 비용에 상관없이 새로운 봉사를 위해 전문적인 채비를 갖춰야 할 시기일까? 해양 생물에 관한 지도자가 되어 10년 후 생태 질문들에 영향을 끼치는 역할을 해야 할까, 아니면 그보다는 이동 진료소를 시작해야 할까? 젊은 회원들을 대학에 보내 여성 신학 학위를 취득하게 해야 할까, 아니면 피정 센터를 보수해 그 지역 여성들을 위한 새 사도직을 마련해야 할까? 더 공부해야 할까, 더 기도해야 할까? 답은 긍정일 수도, 부정일 수도 있다. 둘 다 아니기도 하도 둘 다 맞기도 하다. 다른 한편을 고려하지 않은 채 한쪽으로만 접근하면 수도회는 변화에 취약하게 되거나 변화를 거부하고자 하는 유혹에 빠진다.

묵상에 잠긴 듯 몽롱한 상태로 새천년을 기다리거나 분주하지만 별로 심각하지 않은 활동에 온 힘을 쏟거나 안주함 속에서 오래 전에 죽어 버린 것을 살아 내려고 하는 것은, 인간성이 해체되는 이 시대에 책임 있는 인간으로서 자신뿐 아니라 역사와 목적과 영적 유산에 걸맞지 않다. 이러한 대안은 어떤 것도 적용할 수 없다. 우리는 둘 중 하나가 될 수 없다. 사상가인 동시에 행동하는 사람이 되어야 하고, 기도하는 존재인 동시에 예언적 증거자가 되어야 한다.

예언적 솔직함은 수도자에게는 선택이 아니라 필수 사항이다. 성경에 열중함은 하느님 나라의 도래에 헌신한다는 뜻을 함축한다. 더 나아가 하느님 나라를 알 뿐 아니라 하느님 나라를 가져오는 일에 우리 자신을 내어 준다는 뜻이기도 하다. 그러나 하느님의 뜻을 살기 위해서는 활동은 물론, 연구와 숙고에 투신함도 필요하다.

그렇다면 학문이 전문직에 필수 사항이라기보다 영적 수련이 된다는 이유 때문에라도 수도회는 그동안 학문에 헌신해 온 역사를 버려서는 안 된다. 물론 더 이상 공동체에서 운영하는 기관에서 일할 인력을 공급하거나 국가에서 요구하는 자격 요건을 맞추기 위해 교육시키지 않는다고 해서 이전보다 교육이 필요하지 않다는 뜻은 아니다. 배우지 않고 누구를 따르는지 우리 스스로 어떻게 알겠는가? 공부하지 않는다면 경쟁하는 전문가가 가득한, 수많은 신을 섬기는 이 세상에서 다음에 무엇을 해야 할지 우리가 어떻게 알 수 있겠는가?

폭력적인 반응이나 생각 없는 응답은 순간적으로 나오기 쉬운 반면, 그 해악은 오래가는 편이다. 이때 지적 생활은 숙고(묵상)의 불꽃을 계속 살아 있게 한다. 세상은 융통성 없는 보수주의나, 반사적인 진보주의, 지나친 동정이나 광고 문구와 같은 사상으로 돌아가지 않는다. 수도자의 목소리는 대중의 논쟁에 전통적으로 최상의 것, 신학적 분석에 있어서 가장 훌륭한 것, 사회 인식에 있어서 가장 날카로운 것, 복음적 가치에 있어서 가장 도전이 되는 것을 가져다주는 목소리가 되어야 한다. 가난한 이들을 대변하는 수도자는 지혜롭고 용감하게, 신중하면서도 잘 말해야 한다. 더 이상 오랜 시간을 거치면서 축적한 옛 기관들의 가치를 우리 삶의 근간으로 삼을 수 없다. 과거 우리가 했던 일을 현재에도 모두 함께하는 시기는 오래 전에 사라졌다. 우리보다 앞서 누군가가 그런 일은 합당하다고 깨달아 이미 행했기 때문이다. 필요에 따라 기관을 짓는 것보다 필요 자체가 더 빠르게 변화할 것이기에 기관의 건축은 드물어질 것이다. 이제부터는 각자가 행하는 모든 일이 지닌 영원한 가치나 그 일의 카리스마와 인간의 필요, 영원한 삶과 그리스도인으로서의 약속과 맺는 관계에 대해 나름대로의 비중을 가늠하고 평가하며 결정해야 한다. 우리는 모든 사도직을 봉사 이상으로 수행해야 한다. 정의를 향해 나아가는 길고 힘든 여정에 동반자로서, 혹은 옹호자로서 필요한 명료한 가치와 확고한 확신을 일으켜야 한다.

지성의 존중은 근본주의를 초월하고 글자 그대로 해석하는 문자주의를 넘어선다. 그리고 다른 통찰과 필요를 지닌 사람들의 복음 전파 방식과 더불어 서로의 입장을 이해하게 되는 곳으로 나아가게 된다. 헌신(투신)은 흑백 논리의 훈련이 아니다. 어떤 주제에 대한 진정한 헌신은 그에 대한 깊은 이해를 통해 마침내 그 복잡성 안에서 사랑의 덕이 우리 영혼을 사로잡게 한다. 그 순간 수도자의 존재는 비로소 수도자답게 된다.

기도, 사도직, 예언자의 힘, 공동체와 개인의 성장은 모두 지적 깊이를 요구한다. 숙고할 알맹이 없이 숙고하는 삶을 산다고 말한다면 그 삶은 가짜가 된다. "한 처음에 말씀이 계셨다."(요한 1,1)고 복음서는 가르친다. 그 말씀에 깊이 머물지 않으면 우리가 무슨 말을 하든지 그 말은 의미가 없고, 근거도, 은사도 없다. 서구 문화는 교육의 가치를 그것이 제공하는 이익에 따라 평가한다. 피조물의 마음을 이해하는 온전한 즐거움을 위해 공부하는 사람은 거의 없다. 전문적인 직업보다는 단지 직장을 구하고자, 즉 인류 전체가 보다 살기 좋은 곳으로 세상을 만들기 위해서라기보다는 돈을 벌기 위해 공부한다. 이러한 상황 속에서 새로운 역사적 순간에 수도자가 숙고와 문화와 아름다움에 지적으로 헌신한다면 언젠가는 '그리스혹' 관습처럼, 다가올 새 세상을 위해 묻어 둔 석탄의 불씨를 가지고 새로운 방식으로 불꽃을 피우게 될 것이다.

14. 필요한 덕으로서의 새로운 관점

수도 생활의 본질에 속하며 강조되는 덕 가운데 (역사상 언급된 적은 있지만) 제대로 다루어지지 못한 부분이 있다. 영성 생활에 대한 전통적인 논문에서, 자기 자신은 억압해야 할 적이라기보다 개발해야 할 장점이라는 생각이 명확히 빠져 있다는 점이다. 얼마나 안타까운 일인가. 우리 스스로 자기라는 통로를 통해 영적 생활을 전달하지 못함에도 불구하고 영적 생활을 충만히 살아 낼 수 있다고 상상하는 것은 정말 영성이 무엇인지 전체를 보지 못한 부분적인 개념만 파고드는 것이고, 하느님이 참으로 누구신지에 대해 왜곡된 개념을 숙고하는 것이다.

가령 장미 꽃밭에서 향기를 맡아 본 적도, 새벽녘 고즈넉한 호수를 본 적도, 언덕 풀밭에 앉아 본 적도 없고, 실크 같은 감촉은커녕 강아지나 아기를 가슴에 안아 본 적도 없는 사람은 영성 생활에 있어서도 충만하게 성장할 수 없다. 그러한 생각은 코웃음을 살 뿐이다. 삶의 체험과 생명의 촉감을 거룩함의 등식에서 빼 버리면 영성은 실체 없는 개념이 되어 버린다. 생명의 성사를 황폐한 곳으로 만들어 버린다. 그것은 육체를 영성 생활에 위험한 것으로 보는 생각 이상으로, 육체를 영성 생활에 해로운 것으로 만든다. 그러나 육체와 육체에 관련된 모든 체험을 만드신 하느님께서는 분명 매혹적으로 현존하시는 감각적인 분이시다. 피조물이 무엇인지 증명하고자 하실 때, 신적 계획으로 감각적 창조의 손을 내미시는 하느님께서는 단순히 정신뿐 아니라 만물과 감각을 통해서 그것을 분명히 드러내신다.

여러 시대에 걸쳐 정신과 이성과 인식 등 남성적 가치가 영적 문학의 토대를 이루었다. 그런데 아무리 육화에 대해 많은 이야기를 해도 육화의 개념은 그렇게 되지 못했다. 자기 자신에 관한 것 역시 영성 생활의 원천보다는 적이 되었다. 그래서 더 안타깝다.

이러한 접근 방식으로 인해 영성이라고 일컫는 위대한 모험은 시간이 지나면서 영적 자기 자신뿐 아니라 물리적 자신 안에서도 신성함을 인식하는 영혼과 육신을 인간의 동등한 부분으로 기념하기보다 엄청난 투쟁과 자기 억제로 축소시켜 버렸다. 이런 체제에서 사고와 경험, 논리와 '비논리', 실제와 이상은 서로 겨루는 사이가 되었다. 인간 영혼에 미치는 위협이나 위험의 정도에 따라 많은 것에 명칭이 붙고 나누어지며 분류되었다. 교회가 형성되던 시기에 그리스 스토아 철학의 영향과 무욕desirelessness의 강조로 말미암아 인간의 행복과 도덕 발전을 위협하는 대상에 인간의 충동을 자극하는 것은 모두, 곧 마음을 산란하게 할 만큼 육적이고 여성적인 것은 무엇이나 다 들어가게 되었다. 남성들은 자기 안에서 통제할 수 없는 것을 다른 사람에게서 통제할 필요가 있음을 알았고, 그 해결책은 여성을 영원히 굴욕의 대상으로 삼는 것이었다.

영적 순결, 육체의 우열, 여성성의 억제 등이 서로 얽혀 인간 정신 깊은 곳에 뿌리를 내렸다. 모든 세대에 영적인 삶과 그렇지 않은 삶을 구분해 강조했고, 세월이 지나면서 영혼에 더 큰 가리개를 씌워 주변 세계로부터 보호하고자 하는 바람에, 마침내 영성은 기쁨이라기보다 고행이 되어 버렸다.

영성 생활을 하느님으로 고취되는 생활로 여기는 대신에 물질보다 우위인 정신의 산물이라고 간주하는 사람들에게 삶은 천국의 시작이나 하느님께로 나아가는 다리 혹은 고리나 매듭이라기보다 조심스럽게 디뎌야 하는 지뢰밭이었다. 특히 여성들에게 삶은 점점 더 구속이 되었다. 육체적 경험을 거부하게 된 여성 수도자들은 교회의 관점에서 볼 때 영적 남성이 됨으로써, 다시 말해 근본적으로 성적 존재로 여겨지던 대부분의 다른 여성들보다 삶의 '논리적' 요소에 더 많이 치우침으로써 여성성을 뛰어넘을 수 있게 되었다. 아이러니하게도, 성과 무관한 것이 특별한 존중을 받는 여성을 가늠하는 더 없는 척도가 되었다. 동시에 결함이 있으면서 파괴적이기도 한 영적 전제를 바탕으로, 성과 무관한 이러한 상태를 유지하기 위해 특별한 통제가 이루어졌다. 신학자들은 여성이 성의 대상으로서 남성보다 영적이지 못하다고 가르쳤다. 그리고 성을 통제하는 여성은 자신의 성적 욕구를 초월했기에 특별한 가치를 지닌다고 여겼다. 이런 비논리가 사회뿐 아니라 영적으로도 통제력을 벗어나 형성되었다.

이러한 태도가 전반적으로 주류를 이루었지만, 신비가들은 예외였다. 그들은 여성적 통찰이나 경험보다 남성적 접근이 우월하다는 생각도 가지지 않았고, 자연적인 것과 영적인 것, 영혼의 수행과 감각의 표현 사이에서 차별적 인식의 태도를 보이지도 않았다. 아시시의 프란치스코는 자연 속에서 하느님의 영광을 찬송했고, 십자가의 성 요한은 인간적 수단을 통해 인간과 함께하는 하느님의 길을 이야기했다. 노리치의 줄리안과 빙겐의 힐데가르트는 생생한 빛깔로 하느님을 체험했다. 이들과 같은 선견자들에게 하느님은 손으로 만질 수 있는, 삶의 인지적 차원뿐 아니라 육적 차원도 사랑하시는 분이었다. 신비가들에게 하느님은 이해할 수 있는 개념 이상이었다. 즉 하느님은 삶의 모든 영역에서 만날 수 있는 체험이었다.

그러나 주류 신학자와 영성 작가들에게 하느님은 하나의 개념이었다. 캔터베리의 성 안셀모의 말처럼 "그 이상 위대한 것을 생각할 수 없는 개념"이자, 우리에게 주어진 세상에서 나 자신이나 육적이기보다는 영적이고, 흙으로 형성되기보다는 흙에서 자유로운 존재로 나아가도록 손짓하는 개념이었다.

  체제의 교의는 분명했다. 세상은 물질과 정신, 논리와 비논리로 나뉘었다. 초기 그리스도교 저술가들이 그리스도교의 현실적인 포용성에서가 아니라 이교 철학자로부터 받아들인 사상에 따르면, 남성의 정액은 이성적 영혼에게 원재료를 제공하고 여성의 마음은 이성적 영혼의 물질적 형상이자 몸이었다. 이성적인 것, 다시 말해 남성성을 위협하는 주된 요인은 여성성이었다. 논리적인 남성이 '비논리적인 여성'보다 '선천적으로' 우월하다는 이교 사상가들의 사고방식에서부터 남녀 차별이 성행하게 되었다. 그것은 그리스도교 우위 영성의 근거가 되어 오늘날까지 하느님의 이름으로 여성을 축소화하고 여성성을 하찮은 것으로 만드는 한편, 남성의 우월성과 남성성의 제도화를 통해 그리스도의 메시지를 축소시켰다. 그 결과 세상은 여전히 고달프다.

영적인 것과 물질적인 것의 분리

  영적인 것과 물질적인 것의 분리는 인류 전체에 끔찍한 분리로 드러났다. 거인의 손아귀에 놓인 개미처럼 전 세계가 인간의 명령에 좌우되고, 그 가운데 남자들은 스스로 하느님 다음으로 인류 중 가장 윗자리를 차지하는 인류 가족의 '가장'으로서 지상에서 유일한 권한을 지닌다고 규정했다. 이러한 독선은 통탄할 일이다. 남성성에 열광하므로 인해 휘청거리게 된 이 세상에서 인간 자원과 여성성의 가치 체제의 상실은 또 얼마나 슬픈 일인가.

어떻게 이런 일이 일어났을까? 쉽게 일어났다. 남자가 논쟁을 만들고 그 조건을 정의해 결과를 통제하고 여자들에게는 결론이 도출되는 지적 영역과 교회 법정에 접근하지 못하게 함으로써 논쟁을 금했기에 늘 남자가 논쟁에서 이겼다. 그러나 남자들이 틀렸고 우리는 오늘날까지 모든 분야에서 그 대가를 치르고 있다.

남자들은 생명을 명확히 분리된 범주로 나눔으로써, 즉 생물과 무생물, 식물과 광물, 인간과 비인간, 흰색과 '유색', 노예와 자유, 남성과 여성 등으로 나눔으로써 우리와 세계(지구)를 싸우는 세상으로 만들었다. 아리스토텔레스는 "전체 자연과 대부분의 인간은 고위 계층의 필요와 안위를 위해서 창조되었다. 그리고 이(종속)는 노예와 여성 모두에게 좋은 것이다."라고 가르쳤다. 그런 빈약한 논리가 세대를 거치며 끼친 해악을 보기 전에 아리스토텔레스는 셰익스피어의 맥베스처럼 "그 이후 죽었어야 했다." 아리스토텔레스가 또 다른 소론을 쓰려고 했을지도 모른다. 어쨌든 남성적

14. 필요한 덕으로서의 새로운 관점 251

계급이 설정되었고, 그 계급은 자체의 원칙에 따라 지배하다가 스스로 파멸될 지경에 이르렀다.

남성주의와 페미니즘(여성주의)

남성주의(마초이즘)는 훌륭한 신학도, 영성도 아니다. 남성주의는 창조는 물론, 그로 말미암은 피조물을 파괴하고 그것을 좋은 것, 즉 '국가 안보, 경제 발전, 여성의 역할, 하느님의 뜻' 이라고 떠들어 댄다.

그런데 더 이상 그런 주장은 설 자리가 없다. 그런 영성을 고수하며 그것을 종교적이라고 일컫는다면, 심지어 수도자가 그러하다면 그것은 하늘에 복수하고자 울부짖는 것과 다르지 않다. 수도 생활이 우리 시대에 의미를 띠려면 이보다 나은 삶을 살아야 한다. 이보다 낫게 살든지 아니면 종교의 이름으로 인류의 절반을 버려야 한다.

모더니즘과 포스트모더니즘을 구분하는 것은 바로 새로운 세계관의 출현이다. 이는 현재의 인간관계와 지구 안보의 분열 원인을 통제 · 질서 · 지배 · 우월 · '이성' 등의 남성적 덕의 제도화에까지 거슬러 올라가 살핌으로써, 삶의 여성적 가치와 원칙에 대한 인식과 존중을 통해 인간 균형을 회복하도록 요청한다. 페미니즘은 모든 생명체의 존엄성과 평등과 인간성의 관점에서 세상을 다시 보는 세계관이다. 페미니즘은 생태계를 필요로 한다. 페미니즘은 세계화(지구화)를 지향하고, 가부장제와 계급주의와 이원론을 해체한다. 어쩌면 예수님 시대 이후 처음으로 페미니즘에 의해 그리스도교가 참으로 그리스도교답게 될 기회를 얻은 것인지도 모른다.

그러나 반反여성주의자들이 페미니즘을 두려워하는 것이 모두 잘못은 아니다. 사실 지구의 요구를 기업의 요구보다 부차적인 것으로 여기고, 관계란 자연법칙에 따른 열등함을 바탕으로 이루어진다는 가정 아래 받아들이는 것으로 본다면, 그래서 종속을 배양하고 짐승을 인간의 편리를 위해 처분할 수 있는 대상으로 대하며, 우리 모두를 하나로 묶어 하느님과 함께 살아가는 거대한 공동 피조물이라는 생명의 고리로부터 인간을 구분하는 체제에서는 페미니즘이 위험한 것이다. 그러나 이런 것에는 아랑곳함 없이 페미니즘은 때론 장애를 일으키고 때론 해답의 영감을 준다. 그처럼 체제에 응답하면서 페미니즘은 세상 전반과 수도 생활 자체에 부단한 도전과 영적 약속, 지구 전체를 향한 하느님의 뜻에 사그라지지 않는 희망을 걸도록 제시한다. 페미니즘은 여성다움에 관한 것이 아니다. 페미니즘은 모든 생명을 지배의 채찍으로부터 자유롭게 해 주는 것과 관련이 있다. 여성이 자유로우면 남성도 자유로워진다. 여성이 자신에 대한 하느님의 뜻을 온전히 성취할 권리를 얻으면 지구 역시 지배 신학the theology of dominion이라 불리는 지배의 신학the theology of domination으로부터 자유로워질 것이다. 페미니즘은 세상을 개편해 모든 차원의 생명체 모두를 성스럽게 한다.

페미니즘은 우리에게 시대의 주요 영적 도전을 제시한다. 페미니즘이 없다면 앞으로의 시대란 결코 오지 않을 수도 있다. 우리는 지배의 신학으로 수많은 우림 지대의 파괴를 정당화한다. 남성의 우월성을 근거로 수많은 여성을 죽이고 해치고 강간하고 가난하게 만든다. 백인의 권력을 앞세워 민족 대학살을 자행했다. 우리는 그럴듯하게 하느님 흉내를 내며 남성 하느님의 변장 모습을 지속시켰다.

이제 세상 스스로 구원을 요청한다(이제라도 구원될 수 있기를 바라며). 곧 남성의 눈으로, 남성적 목적을 위해, 남성적 윤리로, 남성에 의해 정의된 신학을 통해 바라본 세상과 그 해석, 이론과 다스림에 있어서 양심을 일깨울 페미니즘 영성을 요청한다. 일체의 것에 대해서 말이다. 그리고 그 안에 20세기 이후 수도 생활의 십자가와 관冠이 놓여 있다.

페미니즘과 여성은 동의어가 아니다. 페미니즘 남성도 많다. 일부 여성은 20세기 페미니즘으로 획득한 지위나 특권, 공적 인정을 이용해 자기 것이 아닌 것을 고수한다. 페미니즘이라는 질문과 씨름하는 사람들에게서 페미니즘이 참으로 무엇인지 이해하는 데 문제가 있는 듯 보인다. 그러나 그리스도인과 수도자는 그 개념의 원천이 분명해야 한다. 그 분명함 때문에 마땅히 해야 하는 것이다.

세상에 봉사하기 위해서 복음을 말하지만 그 외의 우주와 우주의 자원을 거스르거나 스스로를 우월시하는 철학 체제를 취소하지 않는 것은 거짓 하느님을 전파하는 것이다. 실상 페미니즘은 매우 단순한 개념이다. 페미니즘은 모든 사람이 온전한 인간성을 누릴 수 있도록 관계와 구조에 변화를 일으키는 일에 자신을 바칠 만큼 모든 인간의 평등과 존엄성, 온전한 인간성에 투신하는 것이다. 그처럼 간단한 한편, 페미니즘은 세상과 만물을 보는 온전히 새로운 방식을 요구한다. 곧 권력 중심이 아니라 창조의 의미라는 관점에서 세상을 본다. 페미니스트들에게 창조된 만물은 인류 발전에 유익한 선물로서, 필요와 존중의 대상이다. 그것은 귀 기울임을 요하고 그 존재에 영향을 미치는 일련의 힘 속에 포함되어야 한다. 페미니스트에게는 세상 어떤 것도 그 자체 외의 무언가의 '안위와 필요'를 위해 창조되지 않았다. 모든 것이 나름의 존엄성과 의미, 가치와 필요, 은사와 권리를 지닌다. 페미니스트에게 생명은 적자생존의 문제가 아니라 어떻게 하면 온전히 함께 발전하는가에 관련된 문제이다. 페미니즘은 여성의 평등과 그에 수반되는 우주의 구원을 그 주제로 삼는 철학 체제이다. 일단 노예를 해방하면 그동안 그들을 노예화하던 제도 역시 교정되기 때문이다. 페미니즘은 매우 거룩하고 지극히 그리스도교답다. 페미니즘은 주변에서 무가치하게 여기던 여성을 죽음에서 일으키신 예수님을 따른다. 페미니즘은 이방인들에게 당신 자신이 메시아임을 선포하시고 남자들에게 당신의 부활을 알리라고 여성을 파견하신 예수님을 따른다. 페미니즘은 성령으로 잉태되었지만 여성에게서 태어나, 하느님 구원의 신비 속에서 여성의 본질적 역할을 분명하게 하신 예수님을 따른다.

수도 생활이 페미니즘을 표방하지 않는다면 어떻게 수도 생활다운 생활이 될 수 있겠는가?

정의가 복음의 구성 요소이듯이 평등은 본질적인 것이다. 다시 말해, 누군가를 종속시키면서 공정하다고, 그리스도인이라고 주장하는 것은 불가능하다. 그러나 하느님께서 인류에게 불평등한 권리를 부여했다고 주장한다면, 평등은 무엇보다 거짓이고 신적 농담이요, 생명의 의미를 심각하게 잘못 해석한 것이다. 그렇게 되면 모든 사람은 누군가의 종복이 되어야 한다. 그것을 어떻게 그리스도교라고 하고, 참된 행복을 구한다고 말할 수 있겠는가?

지구 돌보기

지구를 제대로 돌보기 위해서는 지구에 속한 선물도 잘 살펴야 한다. 그런데 현재 지구는 여성이라는 선물을 빼앗긴 상태로, 여성은 삶의 주요 문제들, 즉 기아나 전쟁, 출산, 경제, 정부, 군사주의, 국제 관계 등에 있어서 어떠한 영향도 미친 적이 없다. 세상에서 가장 가난한 이들이 여성이고, 가장 굶주리는 이들 또한 여성이며, 대부분의 난민이 여성이고, 노예 상태에 있는 이들 대다수가 여성인, 참으로 안타까운 현실에 처해 있다. 이러한 현실은 어떻게 지구라는 정원을 돌보고 있는가? 우리가 믿는 하느님은 어떻게 이렇게 되기를 뜻하셨을까?

페미니즘이 추구하는 바는 지구를 돌보기 위해 동반 의식을 갖는 것이다. 그래서 지구의 선물들 사이에서 참된 조화를 이루며 관계 안에서 본래의 참모습을 찾는 것이다. 그렇지 않고는 힘으로 왜곡되고 권력에 빠져 억압 위에 세워진, 힘의 포로가 된 우주를 결코 개선할 수 없다. 지구 모든 곳이, 모든 체제가 그러하다.

특혜를 받은 여성인 수도자들이 페미니즘에 대한 그리스도교적 주장과 영성을 부정하고 피 흘리지 않으려고 자기 부정 속에 숨어 믿음마저 저버린다면, 그것은 세상의 억압자들과 계약을 맺는 것과 같다. 곧 억압받는 자들이 억압자가 되고 세상 여성들은 자매

애가 거짓이 되었음을 알게 될 것이다.

 인류학자 마거릿 미드에 따르면, 인류 역사상 세상이 완전한 변화를 이룬 시기는 딱 네 번이라고 한다. 곧 진화의 시대the period of Evolution, 빙하기the period of the Ice Age, 산업 혁명기the period of the Industrial Revolution, 여성 운동의 시대the period of the Women's Movement이다.

 페미니즘은 살아 있으며 깨어 있다. 성령이 물 위를 감돌며 새로운 세계 질서가 피조물 위에 남녀 함께, 전 세계의 억압받는 이들을 위해 세워지려 하고 있다. 수도 생활 역시 페미니즘에 의해 바뀌지 않고는 이 시대를 통과할 수 없다. 진정한 영적 질문은 '그로 말미암아 수도자 스스로 무엇을 변화시킬 것인가' 이다.

 과거 여성들을 위해 봉사했던 수도자는 이제 자신의 영적 해방과 남성의 해방, 성차별주의와 가부장적 정의로부터 하느님을 해방시키기 위해 페미니즘 사상의 본질과 제휴해야 한다. 그런 다음에야 우리는 긴 시간 동안 여성을 억압해 온 정책과 신학에 의해 위험에 빠진 지구를 위해 진실하고 믿을 만한 사목을 할 수 있을 것이다. 페미니즘 영성은 우리 안에 새로운 영성을 요청한다. 세상과 그 속의 모든 것을 선악, 고저, 생사, 주체와 객체로 나누는 이성적이고 의례 중심의 억압적인 가부장적 영성은 이제 통합되어야 한다. 그래서 모든 것 안에서 하느님을 보고 영을 불러일으키며, 만물 안에서 성령을 인식하고 포용적인 자세로 모든 사람에게서 평등한 가치를 볼 수 있어야 한다. 그리고 하느님께서는 모든 이와 만물을 받아들이신다는 것을 겸손하게 인정하고, 육화의 정신으로 언제나 만물 안에서 하느님을 바라보며 그분 은총의 현존을 느끼는 영성에 자리를 내주어야 한다. 사실 페미니즘 영성은 범주를 만들고 통제하는 정통파에게는 위험한 측면이 있다. 페미니즘 영성이 기존 영성의 단순한 개혁이 아니라 새로운 생명의 생태학을 요구하기 때문이다. 그것은 지구의 희망이며 억압받는 이들의 해방이자 상상의 해방이요, 진정한 의미의 하느님 회복이다.

 이 시대의 영적 수련이란, 그 뿌리는 그럴듯하지만 영성 생활의 부패를 초래하는 남성의 권력 대신에 인간 평등을 기초로 한 새로운 세계관을 발전시키는 것이다. 현 시대는 수도 생활에 있어서 매우 중요한 순간이다. 우리는 평등, 여성이라는 선물, 하느님의 (남성성뿐 아니라) 여성성 인식, 여성성의 존중 위에 세워진 세상에서 누구나 볼 수 있는 표징이 되어야 한다. 어쩌면 우리 시대에 그 이상 우리를 회심으로, 거룩함으로, 진정한 영적 통찰로 초대하는 것은 아무것도 없을 것이다. 그만큼 진실하고 온전한 영성 생활, 지속적인 세계 발전에 큰 의미를 지니는 것도 없을 것이다.

15. 양성으로의 부르심

　수도 생활은 오랫동안 기로에 서 있다. 그리고 사실상 오늘날 많은 수도자들이 봉헌 생활의 거의 대부분을 그렇게 보냈다. 수도자 개인은 물론 수도회도 격동과 실패, 불확실한 양성과 무자비한 도전, 새로운 신념과 깊은 혼란의 시대를 겪었다. 역동적이었지만 수월한 시기는 아니었다.

　그러나 오늘날까지도 수도회에 맴도는 긴장과 불확실함은 사회학자들이 일컫는 '적응 시기'라서가 아닌 듯싶다. 물론 적응 시기는 어느 조직에나 삶의 영역에 일반적으로 존재한다. 중요한 사회 변화가 일어난 시기마다 확실히 엄청난 에너지와 상당한 모험이 요구되었다. 게다가 변화는 대부분 별 미동 없이, 처음 예상보다 급격히 일어난다. 하지만 오늘날 곳곳의 수도회나 여러 공동체에서 불확실성이 끓어오르는 이유는, 우리 시대에 석탄이 불꽃을 피우려면 수도 생활에서 쇄신할 점을 정확히 짚어 내야 함에도 불구하고, 그동안 이 점에 대해 불일치의 골이 깊었고 여전히 많은 경우에 그러하기 때문이라고 볼 수 있다.

일부 수도자들은 상황이 과거와 흡사해지거나 제2차 바티칸 공의회에 의해 촉발된 격변 이전만큼 '좋기'를 바란다. 그들은 기관의 번성과 사도직의 안정을 바라고, 대중의 전적인 호응과 교회 내 안정된 위치와 국가로부터의 특권 등을 원한다. 그들에게는 그것이 최상의 수도 생활이고, 마땅히 이루어져야 할 수도 생활이다. 반면, 과거와는 전적으로 달라진 수도 생활을 원하는 사람들도 있다. 이들은 개인의 자유, 완전한 독립, 수도회의 자율성, 개인의 희생이나 대중의 압력이 없는 전문 사도직을 원한다.

지난 25년 동안 수도 생활은 쇄신에 대한 두 가지 접근법 사이에서 다양한 투쟁이 있었다. 일부 수도회에서는 옛것을 더 많이, 더 잘 행함으로써 제2차 바티칸 공의회 이전의 수도 생활을 유지하거나 되살리려고 헛된 노력을 했다. 이중 일부 소수는 그대로 존재하거나 효과적으로 운영되고 있지만, 전반적으로는 그러한 모델이 성공하지 못했다. 대부분의 수도회에서는 엄청난 양의 쇄신 작업을 진행시켰다. 1962년 이전과 비슷한 모든 것을 새로운 것, 즉 껍질은 그대로 두고 그 속에 새로운 시간표, 새로운 생활 양식, 새로운 사도직으로 재정비하고 겉만 다시 칠해서 되팔았다. 옛 사도직, 옛 기도 형식, 옛 공동체 구조는 모두 미관상의 변화를 거쳤다. 여기저기 기타가 등장하고 위원회가 생겼다. 새로운 복장을 한 무리와 새로운 일이 파노라마처럼 펼쳐졌다. 그러나 그러한 혼란 가운데 정말 변화된 것은 거의 없거나 전혀 없었다. 다만 그러한 변화 이전에 이미 수도 생활을 효과적인 생활로 여기지 않게 된 사람들이 수도 생활을 부정하게 된 점은 제외하고.

문제는 과거의 것을 재조정하거나 다시 도금한다고 해서 그 상황의 진정한 해결책이 될 수 없다는 점이다. 두 입장에서 발생하는 결과를 경고해 주는 모델이 있다. 기원전 563년 첫 번째 예루살렘 성전 파괴 이후 이스라엘은 첫 번째 성전과 같은 모델로 성전을 재건하고자 온갖 노력을 기울였다. 결과는 과거 영광의 날들을 회상하며 서글퍼하고 훌륭했던 시대를 빈약하게 모방하며 근본적인 문제에 피상적으로 접근할 뿐이었다. 그것은 오래 지속되지 않았다.

두 번째 성전은 헤로데 치하에서 확장했음에도 불구하고 첫 번째 성전만큼이나 쉽사리 무너져 버렸다. 결국 다시 압력에 굴복한 상태로 새로운 공격이나 외부의 도전 앞에서 유다 민족을 지켜 줄 아무런 대안도 제공하지 못했다. 그제야, 바로 그제야 유다 민족 안에서 근본적인 변화가 일었다. 그때, 곧 과거를 완전히 청산하고 나서야 예루살렘 사람들은 성경에서 말하는 민족이 되었다. 희생 제사의 제도화를 위한 재시도가 과거와 마찬가지로 미약했음이 입증되자, 희생 제사를 드리던 백성은 말씀의 백성이 되었다.

사막의 유다인들은 디아스포라가 되었고, 그 민족의 종교가 전 세계에 영향을 미치는 종교가 되었다.

성전이 파괴되고 나서야 이스라엘 내에서만 증언되던 야훼 하느님이 만민에게서 증언되었다. 이스라엘은 그동안 영원히 머물고자 했던 삶의 터전에서 쫓겨나고 나서야 비로소 몸은 흩어졌지만 증거하는 하느님의 백성이 되었다.

수도 생활이 본래의 모습을 되찾으려면, 먼저 그 첫 번째 성전인 제2차 바티칸 공의회 이전의 모델이 무너져야 한다. 그리고 두 번째 성전인 현재 우리의 수도 생활 역시 곳곳에서 흔들리고 있음을 이해해야 한다. 우리가 보다 새로운, 아니 이전보다 깊은 헌신으로 불리고 있으며, 가톨릭 세계의 은신처에서 나와 하느님의 집안 전체로, 경건함과 개인의 완덕에서 벗어나 깊은 기도와 시편 저자가 지녔던 비전의 참뜻으로, 성직자 직분에서 그리스도인의 헌신으로, 건장하고 용감하며 대담했던 사도들이 숨어들었던 다락방에서 나와 다시 십자가 아래로 돌아오도록 초대되고 있음을 이해해야 한다. 이번에는 우리 스스로 그곳으로 갈 때까지 결코 다시 번성할 수 없을 것이다.

새로운 백성이 되어야 할 때

사실 우리는 새로운 방향을 필요로 하고 그에 걸맞은 모습을 갖출 때까지는 새로운 수도 생활 정립을 주장할 수 없다. 과거의 외형만 가지고 재건하기에는 이미 늦었다. 지금은 다시 새로운 백성이 되어야 할 때이다. 쇄신한 공동체를 형성하고 새 공동체를 위한 지원자들을 양성하는 것은 수많은 사소한 변화의 제도화가 아님을 깨달아야 한다. 비록 그러한 변화들이 세상에서 육화의 존재가 되는 데 도움이 된다 하더라도 말이다. 진정한 수도 생활의 쇄신은 이 세대가 새로운 이상을 살고, 철저히 새로운 방식으로 카리스마를 하느님을 경외하는 새로운 장소로 가져가는 데 달려 있다.

정보는 이미 확보되어 있고 분명하다. 수도 공동체와 일반 봉사 기구가 실시한 전문 연구를 보면, 사회 심리학자들이 한 세대가 넘게 변화의 급류에 휩쓸린 개인들 안에서 추적해 온 사실을 확인해 준다. 제도가 변하는 과도기에 역할의 명료함이 부족하면 회원들 가운데 아노미 현상과 불안, 목적의식이 없는 현상이 증가한다는 것이다. 아노미 현상에 빠진 사람은 "내가 왜 입회했는가?" 자문한다. 그때 그대로 머물고자 계속 노력하는 것이 가치 있다고 납득시킬 만한 이유가 부족하면 회원들은 제도적 우울이나 개인적 실망에 빠진다. 제도와 개인 모두에게 미치는 영향은 심각하고 힘을 빼는 것이다.

역할이 명료하지 않으면 개인적으로 환멸을 느끼게 된다. "내가 왜 머물고 있는가?"라며 슬퍼한다. 사람들은 자신이 하고 있는 일을 왜 하는지 모른다. 무슨 의도로? 무슨 목적으로? 어떤 결과를 얻으려고? 그래서 왜 그것을 하는가? 역할이 명료하지 못하면 적당히 하게 되고, 의미를 상실하며, 영혼이 병들어 주변 환경을 더럽히고 정신이 시들어 웃음이 적어지고, 고착된 시간을 좀먹어 가며 안이한 생활에 만족한 채, 탄식하며 옛날을 회상할 뿐이다.

월터 리프먼Walter Lippman은 "다른 모든 목적보다 더 강력한 어떤 목적을 의식할 때에만 영혼을 강화하고 원기를 북돋우며 침잠케 한다."고 말했다. 현재의 문제를 과거의 방식으로 해결하려는 것은 만족스러운 결과를 얻을 수 없으며, 새로운 것을 행하기 위해 예전의 이유를 대는 것도 새로운 문제로 넘쳐나는 세상에서 사람들의 마음을 움직이지 못한다. 과거의 영광이 어떠했든 과거는 새 세대의 수도자들을 위한 토대를 형성하지 못한다. 과거에는 훌륭했어도 모든 상황이 변한 현재에 그대로 있을 이유가 되지 않기 때문이다. 일과 사회 상황은 물론, 심지어 수도 생활의 신학마저 이제는 다르다. 신비한 것은 모두 사라졌다. 남은 것은 복음뿐이다.

세상 사람들이 우리 주변에서 굶주리고, 우리 앞에서 죽어 가며, 군사 예산과 제3세계 부채 지불에 엄청난 돈을 쓰고 있는 지금은,

상징적이지만 위험성이 없는 가난이나 고립시키는 정결, 순응하는 순명에 대해서 이야기할 때가 아니다. 우리를 죽이는 것이 바로 우리가 누리는 안전이고, 우리를 복음과 단절시키는 것이 우리의 고립이며, 억압하는 부당한 체제에 온순하게 따르도록 하는 것이 바로 우리의 '순명' 이다. 우리를 자유롭게 하리라는 서원을 발한 다음, 그 서원을 제도적으로 고상한 것으로 변화시킴으로써 말로는 기존 가치에 내항한다고 하면서 오히려 경제 기준과 비정한 사회 계층과 가부장제에 종속하게 되었다.

성소와 양성에 대해 말하면서 어리석은 삶에 대해 말하지 않음은 토라를 사는 문제보다 성전 재건축을 더 중요시한 것이다. 선택된 백성들이 그랬듯이 우리에게도 성전에서 토라로 나아가는 과도기에 직면해야 할 중대 사안들(특별히 일곱 가지)이 있다. 그 사안들을 직면하지 않고서는 수도 생활의 미래는 이미 죽음이 결정된 것이나 다름없다.

생존력

첫째로 생존력viability 문제를 바라봐야 한다. 공동체는 단순히 어설프게 변화를 다룬다고 생존할 수 있는 것이 아니다. 수많은 공동체가 살아남기 위해 변화했으나 그 이후 변화에 따르는 사회 비용이 명백해지자 살아남을 때와 같은 이유로 변화를 중단했다. 공동체들이 신학적 확신이나 영적 의식 없이 변화했던 것이다. 변화하긴 했으나 그 변화를 활기차게 하는 데 필요한 삶의 활기, 새로운 목적의식을 쇄신하지 못했다. 변화를 위한 변화는 경솔한 일이다. 대중에게 영향을 미치지 못한 채 개인의 안위를 위한 변화는 무의미하다. 복음을 위해 세상을 변화시키고자 할 때 수도자들은 그 변화의 진정한 근저에 이르게 된다.

수도 공동체는 회원들의 생활 양식에 있어서 눈에 띄는 수많은 적응을 해 왔다. 이는 제2차 바티칸 공의회가 수도자들에게 '회원들의 필요와 창립자의 정신, 그리고 시대의 징표'를 살펴보라고 요청하면서 제시한 쇄신 기준에 포함된다. 그러나 그러한 적응 못지않게, 새로운 양식이 편안하고 영적인 것으로 여겨지도록 변화의 본질에 신성한 의미를 부여하느라 더 힘든 시간을 보냈던 것 같다. 그 결과, 너무 많은 수도자들이 과거의 덕과 현재의 덕 사이의 관계를 놓쳐 버렸다. 이러한 삶은 가치가 있을 때 생존할 수 있으며, 그 가치는 회원들이 영적 재촉을 알아차리며 살 때 생겨난다. 명확히 규정되고 증명된 영적 요소가 없으면 수도 생활은 나날이 점점 더 의문시된다. 쇄신이 시작되자 수도 연령이 높은 회원들은 수도 생활의 영적 요소의 상실을 두려워했고, 비교적 젊은 회원들은 수도 생활이 사회에 미치는 영향력의 상실을 감지했다. 지금은 두 요소 모두를 재통합해야 할 때이다.

많은 수도회가 지금에 이르기까지 유지되어 왔지만, 더 이상 나아가지 못하고 있다. 외적으로 또 영적으로 다소 변화가 있었으나, 통합을 이루지 못한 것 같다. 옛 수도복은 벗었지만 옛 사도직과 정신 상태는 내려놓을 수 없었던 것이다. 많은 경우에 대학과 병원과 학교가 문을 닫았다. 회원들이 점점 더 연로해지고 새로운 일에 에너지를 쏟을 수 없게 되어 가는 동안 수도회는 포도나무에 달린 채 죽어 버렸다. 다시 말해, 더 필요한 사도직을 시작하기 위해 죽어 가는 사도직을 그만둔 것이 아니다. 한때 엄청나게 특별했던, 그러나 지금은 따분하고 판에 박힌 여러 사도직이 마치 사하라 사막 한가운데 놓여 있는 얼음판처럼 발밑에서 녹아 없어지는 동안 그냥 지켜보기만 했던 것이다. 그로 인해 당대의 관심사에 헌신할 방법을 찾고 있던 새로운 세대는 위험을 감수하면서 꼭 필요한 새로운 일이 아니라 과거 선한 이들이 하던 일을 하고 있는 것을 보았다. 그래서 젊은이들은 함께 창조를 이룩하도록 불린 자신의 소명을 성취할 방도를 찾아 다른 곳을 향하게 된 것이다.

결과적으로, 이처럼 오래된 형식이 소멸할 것인지는 더 이상 문제가 아니다. 옛 형식은 수십 년 전에 죽었다. 지금 유일한 문제는 절대 하지 않으려는 일이 무엇인가이다. 소멸하는 과거 세기의 일인가 아니면 이제 막 시작되는 다음 세기의 일인가? 이는 60년대처럼 새로운 사회에서 수도자의 역할을 정의하는 데 필요한 상상력의 문제가 아니다. 사실 모든 필요는 분명하다. 노숙, 생태 실험, 기아, 평화, 에이즈, 글로벌화, 새로운 세계 질서, 윤리, 생활 양식, 대안 교육, 환대, 페미니즘… 그리고 교회에서조차 다루어야 하는 정신spirit의 부족에 관한 영성 프로그램 등이다. 이제 아무리 나이가 들고 한계를 느껴도 그 일이 단지 새로운 것이어서가 아니라, 주변 사회의 선익과 우리 자신의 영적 온전함을 위한 것이기에 처음부터 일을 해 나갈 강한 영적 힘이 요구된다.

어떤 양성 프로그램이 이러한 새 요구에 부응하도록 수도회를 양성할 수 있을까? 가난한 이들에게 무료로 봉사하고 시대의 문제를 함께 고민하며 헌신하는 한편, 해방 신학과 교회 일치 운동, 페미니즘 등의 이해를 촉구하는 양성 프로그램일 때 수도 생활에 생명력을 부여할 수 있을 것이다. 수도 생활은 바로 지금 하느님의 뜻이 가장 이루어지지 않는 곳에 하느님 나라를 가져오는 일을 할 때 살아남을 수 있고 가치를 지니며 진정한 것이 될 수 있다. 수도 생활이 스스로를 위한 기념물이 될 때 그런 수도 생활은 존재할지라도 생명력이 없다. 여러 수도회가 새로운 필요에 직면해 옛 형태를 고수한 까닭에 실제로 많은 수도회가 동영상처럼 등장했다 사라졌음을 역사는 여실히 보여 준다.

수도 생활 자체의 가치

둘째, 수도 생활 자체의 가치라는 문제를 직시해야 한다. 사람들은 물론, 일부 수도자들까지도 "왜 수도자인가?"라는 질문을 던진다. 그리고 질문 자체가 "이제는 평신도가 과거 수도자가 하던 일을 하는데."라는 대답을 말하는 듯하다. 실제적으로 묻고자 하는 것은 "왜 수도자가 되어야 하는가?"이다. 어떤 사람들에게는 수도 생활이 가장 훌륭하고 영적으로 충만한 자신이 되도록 최상의 길을 안내해 준다는 점이 사실이다. 더 나은 길도 아니고 더 높은 길도 아니며, 하느님의 정신으로 하느님 나라를 위해 하느님 뜻에 온전히 자기 자신을 맡기고 살도록 그 사람을 이끄는 유일한 길이다.

수도 생활은 성경 속의 삶, 세상의 무정하고 부주의한 문제를 거슬러 하늘의 혜성처럼 뛰어드는 삶을 약속한다. 수도 생활은 가난을 낳는 풍요와 무력함을 낳는 권력 한가운데 서 있는 구도자들의 합창, 즉 모두 한목소리로 "이제 그만하면 충분하다. 이 정도로 박탈당한 것으로 충분하다."고 소리치는 (절망에 빠진 이들의) 합창을 불러일으킨다.

수도 생활은 부에 눈이 먼 부자들을 대면하고, 가난 때문에 절망에 빠져 "더, 더 많이 필요하다."고 외치며 인간성을 상실한 이들을 지지하는, 영적으로 한마음이 된 사람들을 부양한다.

수도 생활은 시대를 거스르는 물줄기와 같다. 크게 지지받지 못한 채, 인도해 주는 이도 없지만, 나름대로 한결같이 강한 영적 길을 걷고자 시도하는 사람들에게 길이 없는 곳에 길을 보여 준다. 수도 생활의 역할은 다른 사람들이 그들을 통해 가능성의 길을 보고 자신이 추구하는 바에서 용기를 낼 수 있도록 해 줄 만큼 진지하고 영감을 주는 생활 양식을 취한 사람들을 양성하는 것이다. 같은 복음적 삶을 살고자 하지만 주변 세상에서 혼자인 사람들에게 그들의 존재 그 자체로 용기를 북돋워 준다. 수도 공동체는 생의 폭풍 속에 갇힌 사람들에게 항구를 제공한다. 수도 공동체는 가장 숭고한 삶은 절대 잊히지 않는다는 식으로 세상에서 살아가며, 온갖 고투 가운데서도 확고하게 여러 사람들에게 마음을 내어 준다.

인간 영혼이 삶의 진실에, 손에 잡히지 않는 것에 가 닿으려고 하는 한, 수도자가 삶의 영적인 면에 뿌리를 내리고 있는 한, 수도 생활은 가치가 있다. 수도 생활을 하는 사람이나 수도 생활을 하지 않는 사람 모두에게!

영성의 역사 속에서, 그리고 어떠한 형태든 수도 생활의 사회적 역할과 섬김의 자리에서 기도와 관상으로 물질 만능의 세상에서 이루어지는 영적 숙고로 사람들을 양성하지 않는 양성 프로그램은 무엇인가 만들어 낸다 하더라도 기껏해야 사이비 종교의 무익한 위계질서를 번식시킬 뿐이다.

제도 교회

 셋째는, 제도 교회의 문제이다. 교회와의 긴장은 역사상 수도 공동체 발전의 일부분이었음을 기억하는 것이 중요하다. 사실 교회와 사회에서 수도자가 마땅히 해야 할 일을 할 때, 즉 사도직의 새로운 영역을 개척하고 질문을 제기하며 새 역할 등을 개발할 때 전통을 고수하려는 자들과 발전시키려는 자들 사이의 긴장은 거의 불가피하다. 예를 들어, 제도 교회는 굶주린 이들에게 음식을 주는 일까지 포함해서 여자 수도자가 거리에 나서는 것을 원치 않았다(마더 매컬리에게 물어보라). 남자들이 전장에서 죽어 가는데도 여자들이 간호하는 것을 원치 않았다(켄터키의 나자렛 자비의 수녀회 Sisters of Charity of Nazareth에 물어보라). 열 살이 채 되지 않은 남자아이라도 여자들은 소년을 가르치지 못했다(베네딕타Benedicta Riepp 수녀나 베네딕토 수녀회Benedictines에 물어보면 알 수 있다). 그리고 최근 35년 전만 해도 신학 수업을 여자는 수강하지 못했다(마들리버Madeleva 수녀나 성 십자가 수녀회the Sisters of the Holy Cross에 물어보라. 그들이 여성을 위한 신학 학위 과정을 처음으로 개설했다).

그러나 교회에서 아무리 반대해도 수녀들은 모든 일을 해냈고, 수녀원에서 나와 삶 안으로 들어갔다. 교회법의 전통에서 벗어난다며 불멸의 영혼에 그 위험이 가해지리라는 위협에도 불구하고 그때나 지금이나 새로운 일을 계속 생각하기를 멈추지 않는다. 제도를 확대하는 일은 분명 수도 생활의 역할이다. 문헌에서는 그것을 '예언자적 차원'이라고 한다. 그러나 교회 관료들은 종종 '불순종'이라고 일컫는다. 그러나 현재 가톨릭의 공식 주소록에 '교구' 사업으로 자랑스럽게 기재된 대부분의 사도직, 즉 무료 급식소, 정의 평화 센터, 환대의 집, 매 맞는 여성을 위한 쉼터 등은 모두 교구가 아니라 수녀들이 시작했고, 그 가운데 많은 일들이 수도 생활의 쇠퇴기로 여겨지던 과거 25년 동안 독립적으로 이루어졌다. 그러나 그 쇠퇴기라는 죽음 속에는 많은 생명이 있었다. 그 사도직들은 수도자가 학교에서 활동하지 않고 수도복을 입지 않는다고 지적되던 시기에 개설되었다.

다시 말해, 수도자는 본성상 변화를 이루는 존재이다. 그래서 전하고자 하는 바가 분명하다. 수도자가 반드시 해야 할 바를 계속해 나갈 때 긴장은 지속될 수 있다. 우리가 준비해야 할 양성 또한 바로 그러한 긴장을 대비한 것이어야 한다. 역사적으로 지속된 카리스마와 제도 사이의 힘겨운 갈등을 가르치지 않는 프로그램은 다음 세대의 수도자들에게서 교회 제도에 맞서 수도회의 카리스마를 간직하는 데 필요한 용기를 불러일으키지 못한다. 사실 어머니이신 성 교회의 훌륭한 자녀가 되는 그때, 우리는 제대로 자라지 못한 교회의 자녀가 될 위험을 무릅써야 할지도 모른다. 어쩌면 사랑하고 사랑스럽지만 동시에 의존적이고 우울할 정도로 상상력이 부족한, 나아갈 방향이 개방되어 있는 동시에 성령께 개방되어 있지 않은 자녀가 되어 버리는 위험을 겪을 수도 있다. 일상의 의무를 다하던 시대가 지난 지 오래인 이 시대에, 본래 수도자가 아침을 알리는 교회의 '자명종'과 같은 존재였음을 다시금 일깨워야 한다.

여성 문제

넷째, 여성 문제와 그것이 수도 생활에 미치는 영향을 마주해야 한다. 페미니즘은 맹목적 여성 우월주의에 근거한 정치 이데올로기가 아니다. 페미니즘은 여성은 물론 남성에게 있어서도 삶을 바라보는 온전히 다른 방식이다. 이는 완전히 다른 세계관이다. 페미니즘적 가치, 즉 평등, 관계, 생명, 창조, 비폭력 등을 존중하고 이들을 남성의 우선권만큼이나 인간의 계획과 의사 결정 과정에 필요한 것으로 여기는 세계관이다. 페미니즘은 모든 종류의 지배를 거부한다. 하느님을 남성으로 부르며, 순전히 영이고 온전한 존재이시며 생명인 하느님께로 우리를 되돌리는 신학이 지닌 한계를 의심한다. 페미니즘은 결혼이나 순명이라는 명목으로, 그리고 전통을 바꾸는 것이 권력자의 이익에 있지 않기 때문에 전통이 된다는, 그 전통을 위해서라도 정신과 영혼과 몸을 강탈하고 지구를 약탈하는 데 반발한다.

페미니즘은 남녀를 불문하고 페미니즘을 의식적으로 접한 모든 이의 사도직과 신학, 영성에 영향을 끼친다. 머지않아 페미니즘의 의 영향력과 교육적 성과 및 공동의 힘 덕분에, 여성의 지위를 격하시키는 교회나 국가에 저항하지 않는 수도 생활은 남녀 모두 거부하게 될 것이다.

남녀 모두에게 페미니즘 교육은 필요하다. 모든 수련소에서 전 세계 여성의 지위와 교회의 배타주의가 만들어 내는 신학적 모순 및 제도화된 남성 중심주의가 세상에 끼치는 위험과 불평등을 가르쳐야 한다. 또한 설교만 할 뿐 실천하지 않는 교회의 신뢰성 상실에 대해서도 알려야 한다.

수도 생활이 직면한 사안들 가운데 페미니즘은, 우리로 하여금 역사의 흐름을 거스르게 하기에 분명히 드러나지 않으면서 가장 위험하다. 교회나 수도회 안에서 우리는 모르는 척 눈을 감아 버리거나 전례에 숨어 버릴 수 있다. 혹은 겨우 의지를 비친다 해도 가부장제 내에서의 여성적 일부가 될 수 있다. 그러나 그러다가는 머지않아 수도 생활 자체가 남녀 차별주의라는 병에 걸려 사망하고 말 것이다.

새로운 사도직

다섯째로, 새로운 사도직 문제가 있다. 수도 생활을 진지하게 여긴다면, 예수님께서 당신 존재의 대상으로 삼았던 사람들 곧 나환자들, 소외된 자들, 여인들, 죄인들, 죽은 것과 마찬가지의 삶을 살아가는 이들을 위해 우리도 존재해야 한다. 오늘날을 보면 노숙자들, 행려자들, 가난한 이들, 소외된 이들, 하층민, 성가신 이들, 난폭한 이들, 극빈자들 등이다. 물론 수도자가 부자나 권력자들과 함께 걸어갈 수도 있지만, 그것은 예수님께서 부자의 집을 방문했을 때처럼 가난한 이들과 좌절한 이들을 위해 이야기할 때에만 해당된다. 물론 그렇게 하기가 쉽지는 않다. 수도 공동체가 다음 세기에도 과거와 마찬가지로 존재할 만한 것이 되기 위해서는 분명하고 통일된 방법으로 새로운 가난한 이들의 요구에 부응하기로 약속해야 할 것이다. 수도 공동체는 개별 회원이 새로운 사도직을 개발하도록 장려해야 할 뿐 아니라, 수도회로서도 새로운 형태의 사도직을 개발해야 한다.

  수도자는 수도회가 대표하는 바가 무엇이고, 누가 그것을 아는지 자문해야 한다. 수도자가 교육이나 의료, 원주민 어린이들을 보살피는 일에 앞장섰을 때 모두가 그 사실을 알았다. 수도자가 민간 체제에 가톨릭 사도직을 소개하고자 앞장섰을 때 어느 누구도 그것을 정치적인 행동이라고 일컫지 않고 그 존재를 인정했다. 수도 공동체는 무지·문맹·질병·자포자기·세속주의에 맞서 보루 역할을 했다. 우리의 모든 자원을 그 방향으로 돌렸다. 이제 우리에게는 세상에서 가장 교육을 잘 받은 회원들이 있고, 각 회원들은 높은 수준의 전문성을 드러내고 있다. 그런가 하면, 속으로 잠재력을 지닌 수도 공동체는 더욱더 그 모습이 드러나지 않게 되었다. 공동체가 지닌 힘을 시대적 사안이나 사회적으로 제기되는 질문들에 돌려 그것이 지닌 중요성을 세상에 알리고 변화를 옹호하며 우리 스스로 신선한 응답의 모범이 되지 않는 한, 왜 우리가 함께 계속 나아갈 수밖에 없는가라는 물음은 앞으로도 계속될 수밖에 없다. 사회 심리학자들은 사람들이 어떤 집단에 합류하는 이유를 혼자 할 수 없는 일을 함께하기 위해서라고 한다. 그런데 우리는 수도 공동체의 일원으로서 함께 애쓰기보다는 개인이 홀로 너무 많은 일을 다 하려고 들곤 한다. 기관 사도직의 포기 문제는 수도회 차원의 보편적 행동의 근간이라고 할 수 있는 가난·여성·평화·굶주림·생태·교회 일치 등 대부분 현대 사회의 질서 카리스마를 반영하는 일과 관련을 맺고 있다. 그렇기 때문에 개별 사도직의 집중을 통해 새로운 종류의 공동 증거로 나아가는 과도기를 성공적으로 이행하지 못할 수도 있다.

사실 공동의 헌신이 없는 수도회는 개인을 양성할 아무런 이유가 없는 것이다. 합당한 이유 없이 무엇 때문에 한 개인의 삶을 취하는가? 수도 공동체는 사회 곳곳에, 그리고 모든 계층에 걸쳐 개별 회원이 어디에서 어떤 일을 하든지 그들을 통해 시대가 지닌 냉엄하고 어려운 질문에 합심해서 공동의 마음으로 쉽게 인식되도록 카리스마의 빛을 뿜어내야 한다. 그렇지 않으면 이 시대에 수도회의 카리스마가 무슨 소용이란 말인가?

더 이상 옛 건물에서 할 일을 새 것으로 바꾸는 문제가 아니다. 이제는 건물이 있든 없든 하느님 나라를 창조하는 과정에 우리가 동참하고 있다는 인식을 가지고, 각자의 자리에서 동참해야 할 때이다. 그리고 공동체가 함께 헌신하도록 양성해야 한다.

영성

현 시대에 수도 생활의 여섯 번째 주요 사안은 영성의 문제이다.

소극적인 고행과 경직된 시간표, 전면적인 수동성과 조직의 관습에 어린아이처럼 순종하는 과거의 영성은 새로운 존재 방식에서 필요로 하는 영적으로 성숙한 어른을 양성할 수 없다. 영적 성숙은 도처에서 요구된다. 길거리부터 시작해, 여성 쉼터, 미국 내 스페인어 사용자 거주 지역, 법정이나 시민 이사회, 국회 청문회, 군사 경계지, 그리고 소외된 이들과 난민들, 도시 빈민들, 그리고 억압에 저항하고 하느님 나라를 찬성하는 신문과 텔레비전 스튜디오 등등. 그러나 개인화된 영성은 그렇게 하지 못한다. 훌륭한 영성이 필요하다. 깊고 규칙적인 기도 생활이 필요하다. 영적 공동체의 지지가 그 어느 때보다 절실하다.

활동과 기도를 혼동하고, 선한 지향과 영성 생활을 혼동하며 전문직과 헌신을 혼동하는 양성 프로그램은 실패만 뚜렷해지는 일상의 무게와 더딘 사회적 변화에 대한 피로감으로 인해 멀쩡한 구조의 붕괴를 초래할 뿐이다. 우리가 수많은 시간에 걸쳐 행하는 일을 통해 억압이나 악한 것이 얼마나 변화할지 누가 알겠는가? 그러나 그것은 중요하지 않다. 중요한 점은 단 하나, 복음의 재촉을 받고 성경으로 고취되며 정의의 불꽃으로 활활 타오르는 것, 그리고 기도에서 힘을 얻어 계속 나아가는 것이다. 영성은 지속적인 헌신을 가능케 하는 정신으로 영혼에 연료를 공급한다.

가치 규정

수도 생활이 직면한 일곱 번째 사안은 가치 규정의 문제이다. 오늘날 수도자들에게 요청되는 덕목은 이전 시대의 영적 생활이 우리에게 요청하던 덕목만큼 우리를 성화하고 금욕적이며 거룩하다는 점을 깨달아야 한다. 수도자의 수련은 느슨해지지 않았다. 오히려 수도 생활이 진정한 것이 되었다. 진정으로 성숙하고, 진정으로 힘들며, 진정으로 복음적이 된 것이다. 오늘날 수도 생활이 우리에게 요청하는 바는 현재에 진정으로 응답하는 것이다.

침묵, 단식, 맹목적 순명, 순응, 규칙적인 공동 기도, 드러나지 않는 개인 등 제2차 바티칸 공의회 이전에 수도자로서 봉사하고 개인의 성화를 이루며 공동체로서 고행하던 모든 기본 사항들이 이제는 보다 발전적이고, 종종 도전적인 가치로 바뀌어야 한다. 관상, 모험, 신뢰, 회심, 정의, 사랑, 개인 책임성, 법 위의 법에 대한 충실성, 깊이, 페미니즘, 세계화 등등. 이러한 덕목들이 석탄을 보존하고 불꽃을 지켜 주며, 오늘날 수도 생활이라는 불을 붙여 주리라고 확신한다. 무엇보다 이 덕목들이 우선이다. 개인 중심의 영성이 번성하던 시기는 이미 지났다. 이제는 세상이 복잡해져서 지구 전체에 걸맞지 않거나 우리가 있는 곳 어디든 그 신비the Mystery가 미칠 만큼 심오하지 않은 영성은 설 자리가 없다.

어둠을 통과하고 멈추지 않으려면 성령에 기반을 두어야 한다. 그렇지 않으면 우리 앞에 놓인 멀고 험한 길은 훨씬 더 멀어지고, 성취와 헌신을 혼동하게 될 것이다. 사실 우리는 기도 안에서 삶을 형성함으로써 영적 생활이 삶 속에서 넘쳐나고, 우리가 겪는 죽음들 가운데서 스스로를 지탱하며, 힘들 때면 새로운 고지로 나아가도록 해야 한다. "나의 자녀들이여, 기도의 목적은 선한 일, 선한 일, 선한 일입니다."라고 아빌라의 데레사는 거듭해서 강조했다. 우리를 인도하고 지탱해 주며 두려운 마음을 열어 줄 기도가 없다면, 아직은 그림자나 신화에 불과한 듯 보이는 새로운 시대가 시작하려는 이때에 선한 일은 성취될 수 없다. 선한 일이 없는 기도는 인류의 귀에는 공허한 울림이 될 뿐이다.

생존력, 목적, 카리스마, 페미니즘, 사도직 그리고 기도는 한 시대의 양성이라는 침술의 혈과 같다. 약 10억에 이르는 세상 사람들이 문맹이고, 문맹자의 3분의 2가 여성인 시대에 어떻게 수도자를 양성한다고 하면서 평등을 위한 양성은 하지 않을 수 있는가? 자본주의가 매일 점점 더 인간성을 침식하고 있는데, 어떻게 수도자를 양성한다고 하면서 정의를 가르치지 않을 수 있는가? 멸종될 지경에 이르기까지 지구를 오염시키고, 수도자 역시 재활용을 하지 않고 생태 문제를 연구하지 않는데, 어떻게 수도자를 양성한다면서 세계화를 위한 양성을 하지 않을 수 있는가? 밀이 아니라 무기가 나라의 주요 수출품이면서 자유의 수호자라 일컫고, 복지 국가로서의 면모를 갖출 생각은 않고 그저 나만 잘 먹고 잘 살려는, 낯을 붉힐 염치마저 없는 이때에 어떻게 수도자가 되어서 평화를 위한 양성을 하지 않을 수 있는가?

가난한 이들에게 봉사하고 교육을 제공하며 힘을 주기 위해서, 그리고 그들을 옹호하고 비참한 삶을 세상에 알리기 위해서 연대할 수 있는 양성 프로그램이 필요하다. 어떤 식으로든 우리가 사는 세상이 복음에 대한 우리 헌신의 유효성을 측정할 수 있는 잣대라고 할 때 그러한 프로그램은 수도 성소와 수도 생활 양성의 기초가 되어야 한다. 이 중에서 어떤 것도 책을 보는 것이나 수도회 회헌 공부로 인해 축소될 수 없다. 그 모든 것이 수도회의 삶 속에 살아 있어야 한다. 그래야 수도 생활은 예수님의 삶이 되고, 그분의 무너졌던 성전이 다시 영광스럽게 되살아날 것이다.

얼마 전까지 계속되던 사도직의 쇠퇴를 어떤 징표라고 본다면 이 시대의 수도자는 각종 기관을 이용은 하되 기관 자체가 수도 생활을 정의하지는 않는 수도 생활을 지향해야 한다. 우리는 예수님을 따르는 사람들을 양성해야 한다. 예수님은 갈릴래아에서 예루살렘에까지 정결하지 못한 사람들을 어루만지고 죄인들과 교제하며 율법 교사들과 논쟁하셨다. 그분은 굶주린 이들에게 음식이 없어도 나누어 주셨고 가난한 이들을 위해 부자와 이야기하셨다.

또한 성전을 정화하러 가시는 중에도 산 정상과 회당과 광야 깊숙한 곳에서 기도하셨다. 그러므로 어떤 대가를 치르더라도 피상적이고 공허한 종교의 덫을 형성하는 것은 사소한 것일지라도 걸려들지 않도록 해야 한다.

옛날 세 수도승이 새벽 동이 트기 전 성당에 무릎을 꿇고 앉아 있었다.

첫 번째 수도승은 십자가에서 예수님이 내려와 자기 앞 공중에 멈추어 서는 모습을 보았다고 생각했다. 그는 '마침내 관상이 무엇인지 알겠구나.' 하고 속으로 중얼거렸다.

두 번째 수도승은 자신이 성가대 자리에서 들려짐을 느꼈다. 형제들 위로 들려 올라가 목재로 된 성당의 둥근 천정을 살펴보고 다시 자기 자리에 내려와 앉았다. 그는 생각했다. "작은 기적을 일으키는 축복을 받았구나. 그렇지만 겸손하게 다른 사람들에게 얘기하지 말아야지."

셋째 수도승은 무릎이 점점 아파오고 다리 저림을 느꼈다. 이런 저런 생각으로 분심 중에 양파와 피클을 넣은 맛있는 햄버거를 상상했다.

악마의 하수인이 주인에게 말했다. "아무리 애써도 저 세 번째 수도승은 유혹할 수가 없습니다."

요점은 분명하다. 거짓 거룩함은 우리를 속인다. 세상은 뜬구름과 어둠 속에 살면서 거짓 영적 거품에 싸인 수도자를 필요로 하지 않는다. 세상은 다른 사람을 위해 세상에서 잘 살아가는 수도자를 원한다.

오롯한 마음으로 집중함

이제 성소를 찾기 위해서, 수도 생활을 위한 양성을 위해서, 예언자적 수도 생활을 해내기 위해서 경건한 완벽주의가 아니라 오롯한 마음으로 중심을 잡는 양성을 해야 한다. 자기 개발이라는 명목으로 병적 개인주의를 양성할 것이 아니라, 인위적이 아닌 자연스러운 돌봄wild caring을 위한 양성을 해야 한다. 사회의 인정이나 공동체의 순응이 아니라 위험을 무릅쓰도록 양성해야 한다. 가난한 사람들을 가난하게 하고 가난에서 헤어나지 못하게 하는 체제, 정의를 말하지만 억압하는 체제, 체제 자체를 하느님의 뜻으로 만듦으로써 하느님의 뜻을 거론하는 체제는 어떠한 것이든 통렬하고 강하게 직시하고 사회적 비판을 가할 수 있도록 양성해야 한다. 자기 자신을 초월해 공동체를 건설하고 전 세계에서 낯선 사람들로 이루어진 공동체를 형성하도록 양성해야 한다. 결코 부족하지 않고 실제로 너무나 안전한 '허락'에 바탕을 둔 가난이 아니라 충분함을 깨달아 알도록 양성해야 한다. 잘 차려 입은 양복으로 가득 찬 세상에서 '메뚜기와 꿀'을 취하도록 양성해야 한다. 자발적으로 가장자리로 나아가고 체제 안에서 특권을 누리기보다 체제 밖으로 나아가도록 양성해야 한다. 순명하는 사람보다 예언자를, 교회 안에서 적당한 사람보다는 사목적인 사람이 되도록 양성해야 한다. 사람들의 삶에서 떼어 놓는 제도 개발이 아니라 예언자적 존재가 되도록 양성해야 한다. 오래 전에 사라지고 소멸한 성전이 아니라 토라를 위한 양성을 해야 한다.

사실 우리는 성소 위기에 처해 있는 것이 아니다. 하느님은 반드시 '하느님 백성을 위로하신다.' 그렇다, 지금은 성소 위기가 아니다. 영성의 위기이고, 의미(중요성)의 위기이다. 세상의 어떠한 성소 프로그램도 이를 보충할 수 없다.

그러면 우리는 할 수 있는가? 변화로 말미암아 근본까지 흔들린 수도 생활이 다시 소생할 수 있을까? 의심의 여지가 없다. 시대가 말해 준다. 우리는 인정받지 못하고, 제대로 된 이해를 받지 못하면서 30년 동안 그렇게 해 왔다. 그러나 결과는 분명하다. 우리 마음이 불타오를 때 어떠한 노력도 벅차지 않으며 그 노력은 결실을 맺을 것이다.

16. 활활 타오르는 삶

아일랜드 사람들에게는 '그리스혹'과 관련된 또 다른 관습이 있다. 다음 날 토탄(석탄) 불을 잘 붙이기 위해 하루 동안 지피고 남은 마지막 깜부기불을 밤새 찬 석탄 속에 묻어 두거나 가정에서 가정으로 불을 보존하기도 한다. 젊은이가 결혼하거나 가족이 이사를 가면, 먼저 쓰던 난로에서 뜨거운 석탄을 꺼내 가져가 새 난로에서 첫 불을 피운다. 아일랜드 사람들은 어떠한 불도 영원하지 않고, 새 불은 어디선가 와야 하며 불은 가정에서 힘을 주는 중심임을 알고, 이전에 우리를 따뜻하게 해 주던 불이 앞으로도 따뜻하게 해 줄 것임을 안다. 다시 말해, 그들은 옛 난로에서 무엇인가를 꺼내 새로운 곳에서 난로의 불이 지녔던 특성을 오롯이 되살리는 것이다. 우리가 지난 세기의 최상의 것을 새 세기에 전달하고자 한다면, 수도 생활도 이제 그와 같이 해야 한다.

우리는 과거의 덕목을 잃은 것이 아니다. 단지 우리 시대에 필요한 덕목으로 형성해 왔을 뿐이다. 이제 이 새로운 덕목을 가지고 그 속에서 우리 자신을 형성해 자랑스럽게 그 덕을 지녀야 한다. 수도 생활은 이 시대에 버려진 삶이 아니다. 수도 생활은 가장 어려운 상황에서 최상의 동기와 가장 심오하고 뛰어난 결과로 다시 시작되는 삶이다. 이 시대의 수도자는 새로운 봉사와 새로운 현존으로, 또 새로운 목소리와 지칠 줄 모르는 에너지, 전적인 신뢰로 백성으로서 스스로 큰 희생을 치르며 세상의 여러 도시에 살고 있다. 은인들은 사라졌고, 비평가들은 수도자들을 폄하했으며 회원은 감소했다. 일부의 경우, 아이러니하게도 교회의 방향에 있어서 수도자들은 과거보다 미래를 지향해 성령을 따랐기 때문에 교회마저 수도자들을 저버렸다.

과도기가 끝났는가? 절대로 아니다. 아직 결단의 산에 오르기까지 먼 길이 남았다. 그러나 그 길은 이제 보다 분명해졌다. 얼마 전 과거에 이룩한 쇄신의 결실을 말해 주는 영적 힘의 윤곽이 드러났고, 여러 수도회에서 전체적으로 그 힘을 있는 그대로 인정해 준다면 미래에 더 큰 생명력을 보장해 줄 것이다. 개인적으로, 마지막 남은 한 가지 장애물은 지나간 것을 계속 애통해하고 현재의 보다 분명한 영적 힘을 계속 무시하는 데 있다고 본다. 이 시대의 수도 생활은 과거 상상했던 것보다 더 수도자답게 될 기회를 포착했다.

관상은 현대 수도 생활의 핵심에 자리한다. 여러 수도회가 활동하시는 하느님의 신비로 넘쳐 남을 발견한다. 카리스마에 몰입하고 오직 하느님만을 지향할 때 수도 생활은 과거 유효하다고 증명된 영적 공식을 초월해, 무無에서 창조를 계속하시는 하느님의 놀라운 깊이에로 초대될 것이다. 현대 수도자는 몇 세대 전과 마찬가지로, 그때그때 하느님을 관상하도록 부름을 받는다.

의식적인 목적의식이 현대 수도 생활의 계속적인 발전을 뒷받침한다. 구도자를 이집트에서 약속된 땅으로 인도하신다는 하느님께 대한 신뢰에 의존할 뿐 아니라, 구도자에게 요청되는 헌신에 매진하는 가운데 부활은 수도 생활을 뒤따라 조심스럽게 손을 내민다. 우리 시대의 수도 생활이 지닌 거룩함의 일부는, 엄밀히 말해서 죽어 가는 것처럼 보이는 것에 우리가 쏟는 에너지 속에 있다.

일상 속에서 하느님을 추구함, 즉 매일 하느님을 추구하는 것이야말로 수도 생활을 수도 생활답게 하는 것이다. 그것을 위해 다른 것을 포기해야 할지라도 일상 속에서 하느님을 추구하는 것은 오직 의식적으로 하느님 현존을 지향하고 그분 말씀을 양심적으로 추구함을 지향한다.

이스라엘 백성이 사막을 거쳐 가는 길에 거듭 위험을 무릅썼듯이 위험을 감수하는 능력은 수도 생활에 도전을 준다. 과거의 것은 어느 하나 안전하지 못하다. 미래의 것도 모두 불투명하다. 모험은 수도 생활의 새로운 고행이다. 과거 단식과 침묵과 초연함에서 비롯된 결과가 그랬듯이, 시도하고 실패하는 능력은 이 시대 수도자들이 최대한 하느님께 신뢰를 두도록 이끈다. 위험을 무릅쓰는 것은 현재의 수도 생활과 미래의 수도 생활 사이에서 가교 역할을 한다.

쇠퇴가 현대 수도 생활에 어떤 영향을 미치는지에 대해 종교가 지닌 상징적 희생은 오직 암시만 할 뿐이다. 수가 줄고, 기관이 사라지고, 미래 의식이 상실되며, 성취감이 없어지는 것은 가치를 현실적이 되게 한다. 이 시대 수도자는 '희생'을 이야기해서는 안 되고, 희생을 살라는 부름을 받고 있다.

수도자가 살면서 행하는 일이 옳고, 그것이 수도자 본래의 모습에 꼭 필요하다고 세상이 말할 때 우리 스스로 그 상태를 계속해서 유지하는 일과 매일의 행한 바가 진정 수도자다운지 자문하는 것은 서로 별개의 문제이다.

현대 수도 생활은 가장 숭고한 본연의 비전을 제외하고는 수도 생활에 충실할 이유가 거의 없다는 사실 자체에 그 가치가 있다. 충실함은 이제 어떤 일이나 사람, 혹은 생활 방법에 대한 것이 아니다. 식별 과정 자체가 수도자의 충실함을 가늠하는 것이다.

정의, 개인의 책임, 무한한 사랑에 대한 외침은 힘과 투쟁과 긴장과 용맹에 있어서 의존이나 온순함과 자기 방어가 필적할 수 없는 덕을 요구한다. 서원 생활은 무정한 순명, 지긋지긋한 가난, 엄청난 인간 착취로 기울어진 세상에서 신선하고 새롭게 살아 있다. 현대 사회에서 종교 서원의 가치는 수도자가 거슬러 반대하는 것에서는 빛을 발하지 못한다. 종교 서원의 활기는 이 시대에 수도자가 스스로 가장 온전한 방법으로 찬성하는 것들 속에서만 새롭게 살아난다.

현 시대의 수도자는 자격증에 요구되는 사항이나 전문적 개발을 훨씬 넘어서는 지성 생활에 몰두함으로써 복음 생활에서 차지하는 자리와 의견 곁에 다가가게 된다. 현대 수도자의 덕은 경건함(신앙)이 영혼에 힘이 된다 해도 경건함에 있지 않다. 끝없는 의문의 시대를 살아가는 수도 생활의 영성은 그 진정성이 하느님 나라를 위해 사고하는 존재가 되고, 믿을 만한 목소리가 되는 데 달려 있다.

모든 이의 평등과 존엄성, 인간성에 근거한 세계관을 발전시켜 나가는 영적 기술로서 페미니즘은 여러 민족을 억압하고 땅을 강탈하며 영혼이 균형을 이루지 못하는 교회와 국가에서 복음을 참된 것으로 만든다.

가치 및 구조와 새로이 등장하는 철학적 통찰 등에서 일어나는 변화들 가운데 수도 생활에 대한 합당한 질문은 "수도 생활이 어떻게 될 것인가?"가 아니다. 앞으로 수도 생활이 조금이라도 의미 있는 것이 되기 위해서 우리가 주목해야 할 질문은 "지금 수도 생활이 어떠한가?'이다. 그에 대해서는 의문의 여지가 없다. 현대 수도 생활은 고도의 수련, 높은 덕, 우리를 앞서 간 사람들의 온갖 상상을 뛰어넘는 거룩함을 요청한다. 선구자들의 추구 덕에 지금의 수도 생활에 이르렀다. 아직 완전한 형태를 이루지는 못했지만 영적 형성의 과정에 우리가 헌신함으로써 다음 세대의 수도 생활이 가능해지고 그 특질도 정해지게 된다.

지금은 수도 생활에 있어서 변화의 시기이다. 아울러 흥분되는 시기, 거룩한 시기이다. 이 잿더미 속에는 위대한 불길이 있다. 불꽃을 부채질하기 위해 필요한 일은 그 순간을 받아들이고 구름 너머 정상까지 살아 내는 것이다. 오래된 서원 예절에서는 수도 생활을 하고자 새로 서원하는 후보자들로 하여금 "오 하느님, 저를 당신 말씀에 맞갖게 들어 올려 주소서. 그러면 제가 살아나리다. 저의 희망을 저버리지 마옵소서."라는 성가를 부르게 했다. 물론 이처럼 스스로 헌신했을 때 우리는 무엇을 바랐던가 하고 자문하게 된다. 확실성? 인정? 명료함? 확실한 대답은 그보다 훨씬 더 깊은 것이다. 그리고 그것은 게일 사람들이 하던 것과 같은 대답이 틀림없다. 불이 꺼지지 않도록 불씨를 살려 두지 못할 경우에는 반드시 석탄을 묻어 두어 그 석탄을 새 장소로 가져가서 불을 피울 수 있도록 해야 한다. 그렇게 하지 않으면 어떻게 어느 시대에나 불을 유지하겠는가? 석탄을 묻어 두는 일은 하느님-생명, 즉 헌신·영성·거룩함·지혜·연륜·은총의 성장이라고 일컫는 과정 중 일부분이다. 유일한 질문은 이 세대, 즉 우리 세대에게 '그리스혹'을 행할 정도의 헌신과 믿음과 에너지와 영적 힘이 남아 있는가이다. 우리가 이러한 내용의 삶을 살아가는 첫 세대는 아니지만, 온 마음을 다해 이를 행하지 않으면 또 다른 세대가 같은 일, 즉 같은 불 가에서 스스로를 덥히고 자신의 삶이라는 석탄으로 세상을 뜨겁게 할 기회를 얻지 못할 수도 있다.

현대 수도 생활의 영성
재 속의 불씨

글쓴이 : 조안 키티스터
옮긴이 : 김영미 · 임수 · 임승희
펴낸이 : 서영주
펴낸곳 : 성바오로
주소 : 서울특별시 강북구 오현로7길 20(미아동)
등록 : 7-93호 1992. 10. 6
교회인가 : 2011. 5. 3
1판 1쇄 : 2011. 8. 15
1판 4쇄 : 2015. 4. 27
SSP 928

취급처 : 성바오로보급소
전화 : 944--8300, 986--1361
팩스 : 986--1365
통신판매 : 945--2972
E-mail : bookclub@paolo.net
www.paolo.net
www.facebook.com/stpaulskr

값 13,000원
ISBN 978-89-8015-774-7